FEUER
UND
FLAMME

FEUER UND FLAMME

DAS GROSSE AMERICAN BARBECUE BUCH

Parragon
Bath • New York • Singapore • Hong Kong • Cologne • Delhi
Melbourne • Amsterdam • Johannesburg • Shenzhen

This edition published by Parragon Books Ltd

Parragon Books Ltd
Chartist House
15–17 Trim Street
Bath BA1 1HA, UK
www.parragon.com

Neue Rezepte und Zubereitungsinfos: Lincoln Jefferson
Neue Fotografien: Mike Cooper
Neue Texte: Robin Donovan
Lektorat und Projektmanagement: Cheryl Warner
Layout: Lexi L'Esteve
Illustrationen: Scott Rhodes, Courtesy of The Bright Agency

Chartist House
15-17 Trim Street
Bath BA1 1HA, UK
www.parragon.com

Realisation der deutschen Ausgabe: trans texas publishing service GmbH, Köln
Übersetzung: Lisa Voges, Köln

ISBN 978-1-4723-7830-9

Printed in China

Hinweis
Ein Esslöffel entspricht 15 ml, ein Teelöffel entspricht 5 ml. Sofern nicht anders angegeben, wird Vollmilch (3,5 %) verwendet. Bei einzelnen Obst- und Gemüsesorten werden stets mittelgroße Exemplare verwendet, Eier haben die Größe M. Mit Pfeffer ist stets frisch gemahlener schwarzer Pfeffer aus der Mühle gemeint. Wenn nicht anders beschrieben, sollten alle Obst- und Gemüsesorten vor der Verwendung sorgfältig gewaschen und je nach Sorte geschält werden. Zubereitungen mit rohen oder halb rohen Eiern sollten von Kindern, Senioren, Schwangeren und Rekonvaleszenten gemieden werden.

Garnierungen und Dekorationen sind nicht unbedingt in der Zutatenliste oder Zubereitung aufgeführt. Die angegebenen Zeiten sind lediglich Richtwerte. Die Vorbereitungszeit ist von der verwendeten Technik abhängig, die Backzeit kann von Ofen zu Ofen variieren. Zutaten, die nach Belieben zugefügt werden, und Variationsvorschläge sind in der Angabe für die Zubereitungszeit nicht mitberücksichtigt.

Inhalt

Grill anwerfen!

Grillen gehört zu den schönsten Sommervergnügen, und was gibt es Besseres, als mit Familie und Freunden auf der Terrasse oder dem Balkon zu sitzen, die Grillzange in der einen Hand und ein kühles Getränk in der anderen? Grillen – egal ob Fleisch, Geflügel, Fisch und Meeresfrüchte oder Gemüse – ist extrem befriedigend und macht richtig Spaß! Und nichts bringt die natürlichen Aromen von Fleisch und Gemüse besser zur Geltung als das Garen auf dem Grill. Ob schnell und intensiv über direkter Hitze, langsam und sanft über indirekter Hitze oder durch Smoken – Gegrilltes schmeckt einfach lecker und Grillen ist unkompliziert.

EIN GRILL FÜR JEDEN UND JEDE GELEGENHEIT

Das Angebot an Grillgeräten ist mittlerweile riesengroß: ob Gas-, Holzkohle- oder Elektrogrill, von der gigantischen Grillstation bis hin zum Einweggrill zum Mitnehmen in den Park. Für welches Modell und welche Befeuerungsart Sie sich entscheiden, ist nicht zuletzt eine Frage des zur Verfügung stehenden Platzes und der Häufigkeit der Nutzung. Ob Sie ein besonders intensives Raucharoma mögen oder lieber ein Gerät wollen, mit dem Sie schnell und unkompliziert ein leckeres, gesundes Essen zubereiten können, für jeden gibt es den passenden Grill.

KOHLE, HOLZ ODER GAS?

Wenn Sie vor allem das rauchige Grillaroma lieben, ist ein Holzkohle- oder Holzgrill das Richtige für Sie. Wenn Ihnen Bequemlichkeit, Schnelligkeit und einfaches Reinigen am wichtigsten sind, ist ein Gasgrill die beste Option. Die Rezepte in diesem Buch sind für alle Grill- und Befeuerungsarten geeignet.

HOLZKOHLEGRILLS

Holzkohlegrills gibt es in vielen Ausführungen, wobei der Kugelgrill (auch Kettle Grill) der am weitesten verbreitete sein dürfte. Die Holzkohle wird in das tiefe, halbkugelförmige Becken geschüttet und darüber kann ein Rost in verschiedenen Höhen eingehängt werden. Kugelgrills sind einfach und funktional und die perfekte Lösung für den gelegentlichen oder regelmäßigen Grillmeister. Sie sind stabil, relativ günstig und vielseitig einsetzbar. Ein Kugelgrill kann zum schnellen direkten, zum langsameren indirekten Grillen (was in Expertenkreisen als wahres Grillen gilt) und sogar zum Smoken verwendet werden.

Holzkohlegrills gibt es außerdem als kleine, transportable (Einweg-)Ausführungen oder als größere, rechteckige Flachgrills. Für welches Modell Sie sich auch entscheiden, achten Sie darauf, dass der Grill einen stabilen Stand und mehrere Einhängungen für den Rost hat, damit sich die Gluthitze besser regulieren lässt.

Holzkohlebriketts oder kurz Grillbriketts werden aus Hartholzstaub meist in Eierform gepresst. Sie sind größer und gleichmäßiger als Holzkohle. Dadurch werden längere Grillzeiten erreicht, und es entsteht meist weniger Asche als bei Holzkohle. Häufig enthalten sie auch organische Stärke als Bindemittel und/oder chemische Stoffe, die das Anglühen erleichtern. In der Grillsaison sind sie in jedem größeren Supermarkt, in Baumärkten oder auch an Tankstellen erhältlich.

Holzkohle ist unter Sauerstoffentzug verkohltes Holz und enthält keine weiteren Zusatzstoffe. Sie besteht aus natürlich geformten, unterschiedlich großen Stücken. Unter Puristen gilt Holzkohle als einzig wahre Befeuerungsart.

HOLZGRILLS

Holzkohlegrills können auch mit Holz befeuert werden. Der Reiz am Grillen über Holz ist das Aroma, und viele halten Holz auch für umweltverträglicher. Holzscheite und kleinere Chips sind aus unterschiedlichen Holzarten erhältlich. Grillen mit Holz kann etwas schwieriger sein als mit Holzkohle, weil mehrere Faktoren zu berücksichtigen sind, z. B. wie trocken das Holz ist oder wie groß die Holzstücke sind. Beides beeinflusst, wie heiß die Glut wird bzw. wie lange sie hält, wie viel Rauch sich entwickelt und welches Aroma das Holz verbreitet (mehr zu verschiedenen Holzarten siehe Seite 212).

Pellets bestehen aus gepresstem Sägemehl und werden mit unterschiedlichen „Aromen" angeboten. Sie verbrennen sauber und schnell zu einer feinen Asche. Die einfache Handhabung und die leicht zu regulierende Glut bieten entscheidende Vorteile: Es entwickelt sich ähnlich schnell wie beim Gasgrill die richtige Hitze und gleichzeitig ein feines holziges Raucharoma wie bei der Befeuerung mit Hartholz.

GASGRILLS

Gasgrills sind ideal für Spontangriller, die hinterher nicht viel sauber machen wollen. Der größte Vorteil von Gasgrills ist, dass sie in Minutenschnelle einsatzbereit sind, sich die Hitze einfach regulieren lässt, sie leicht zu reinigen sind und keine Asche anfällt wie bei Holzkohle. Die Nachteile von Gasgrills sind, dass sie sich nicht besonders gut zum Smoken eignen und dem Grillgut keinerlei leckere Raucharomen mitgeben. Einige Grillpuristen rümpfen deshalb bei Gasgrills die Nase.

Auch Gasgrills gibt es in großer Auswahl, vom kleinen, tragbaren Modell bis hin zur gigantischen Grillstation, an der eine ganze Mannschaft verköstigt werden kann. Unabhängig von der Größe, sollten Sie das beste Modell, das Sie sich leisten können, anschaffen.

Von Vorteil ist ein Gasgrill mit mehreren Brennern, damit sich die Hitzezonen besser regulieren lassen und unterschiedliche Gerichte darauf zubereitet werden können. Mit zwei Brennern kann auch indirekt gegrillt werden. Mit drei oder noch mehr Brennern haben Sie noch mehr Möglichkeiten zur Hitzeregulierung. Metallplatten über den Flammen halten die Hitze gleichmäßig verteilt und vermeiden Stichflammen. Wenn Sie die Bequemlichkeit von Gas und die rauchigen Grillaromen eines Holzkohlegrills verbinden wollen, sollten Sie nach einem Gasgrill mit Lavastein Ausschau halten. Diese werden seltener angeboten und sind teurer, aber wenn Sie geschickt sind, können Sie auch einen Standardgasgrill aufrüsten für denselben Effekt.

ELEKTROGRILLS

Mit Elektrogrills kann man sogar auf dem kleinsten Balkon oder in der Küche grillen. Sie sind zwar nicht so leistungsstark wie Holzkohle- oder Gasgrills. Dafür sind sie aber schnell aufgeheizt, einfach in der Handhabung, schnell zu reinigen und eine gute Alternative, wenn Sie keine Möglichkeiten für andere Grillmodelle haben.

SMOKER

Alles, was man für Fleisch mit köstlichem Raucharoma braucht, ist ein einfacher Holzkohlegrill. Wenn Sie aber Ihre Freunde wirklich beeindrucken wollen, ist noch etwas mehr erforderlich. Glücklicherweise ist die Auswahl an Smokern und Smoker-Zubehör heute groß. Damit lassen sich fantastische geräucherte Speisen zubereiten, ohne dass man den Prozess den ganzen Tag überwachen und die Temperatur regulieren, Holzchips nachfüllen oder das Fleisch bestreichen muss. Bei einem guten Smoker oder Smoker-Zubehör müssen Sie sich um all das nicht kümmern und haben hinterher trotzdem ein tolles Fleisch auf dem Tisch. Auch Holzkohle-, Gas- und Elektrogrills lassen sich zum Smoken nutzen (siehe rechts).

SMOKER-ZUBEHÖR

Die einfachste Art zu smoken ist, den vorhandenen Grill aufzurüsten. Wenn Sie beispielsweise einen Kugelgrill haben, lässt sich durch ein günstiges Zubehör der Grill in einen richtigen Smoker verwandeln.

Viele Gasgrills können mit einer seitlich angebrachten Feuerkammer erweitert werden. Dabei handelt es sich um einen belüfteten Metallkasten für die Holzchips, mit dem Sie auch mit Ihrem Gasgrill smoken können.

VERTIKALE GAS-SMOKER

Vertikale Gas-Smoker sind nicht so vielseitig, weil man darin nur eine Sache machen kann. Die Ergebnisse sind allerdings fantastisch und sie sind einfach in der Bedienung.

TROMMEL-, KUGEL- ODER KEGELFÖRMIGE SMOKER

Mit Holzkohle befeuerte trommel-, kugel- oder kegelförmige Smoker sind teurer, aber sie produzieren ein tolles Raucharoma und lassen sich bei niedrigen Temperaturen einfach regulieren, was besonders wichtig ist, wenn Sie das Fleisch räuchern wollen, ohne es auszutrocknen.

Wenn es Ihnen mit dem Smoken ernst ist, dann sind Pelletsmoker zu empfehlen, die mit kleinen Pellets aus gepressten Hartholzsägespänen hergestellt werden. Sie lassen sich einfach verwenden, halten die Temperatur gut und erzeugen ein besonders feines rauchiges Aroma.

Grillmethoden

Egal welchen Grill Sie bei sich stehen haben – Grillen ist eine gesellige und einfache Art der Essenszubereitung. Es gibt drei hauptsächliche Grillmethoden: Grillen über direkter Hitze, indirektes Grillen und Smoken. Sie können Ihren Grill für alle drei Methoden verwenden, um tolle, leckere Grillspezialitäten zuzubereiten.

DIREKTES GRILLEN

Bei dieser Methode wird beispielsweise ein Steak, ein Burger oder ein Stück Lachs direkt über heißer Glut gegart, bis sich attraktive Grillmarken zeigen und das Grillgut schön gegart und saftig ist. Insbesondere, wenn es schnell gehen soll, ist diese Methode zu empfehlen. Es entwickeln sich köstliche Röstaromen, gleichzeitig bildet sich eine schöne Kruste, ohne dass das Grillgut innen austrocknet. Idealerweise sollte das Grillgut bei dieser Methode mit trockenen Gewürzen oder -mischungen gewürzt oder mariniert sein. Achtung aber bei zuckerhaltigen Glasuren: Sie sollten erst gegen Ende der Garzeit aufgetragen werden, damit der Zucker nicht verbrennt.

Die direkte Grillmethode ist ideal für Steaks, Koteletts, Burger, Fisch, Meeresfrüchte, Hühnchen, Würstchen und Gemüse.

Beim direkten Grillen wird das Grillgut direkt über der Hitzequelle gegart. Bei Holzkohle bedeutet dies einfach, dass das Grillgut über die heiße Glut gelegt wird. Sie können sogar eine Hälfte des Grills für direktes Grillen verwenden, indem Sie die Kohlen alle auf eine Seite schieben, und die andere Hälfte für die indirekte Methode. Für die direkte Methode bei einem Gas-, Holz- oder Elektrogrill legen Sie das Grillgut einfach über die Hitzequelle.

Es empfiehlt sich beim direkten Grillen, den Rost vorher einzufetten, damit das Grillgut nicht daran haften bleibt. Dafür ein zerknülltes Küchenpapier mit Öl tränken und den heißen Rost mithilfe einer Grillzange damit einfetten. Das Öl wird auf dem heißen Rost ein wenig qualmen, aber das ist kein Problem.

Anschließend wird das Grillgut auf den geölten Rost gelegt und einige Minuten gegrillt, dann gewendet und von der anderen Seite ebenfalls einige Minuten gegart.

INDIREKTES GRILLEN

Indirektes Grillen ist eine langsame und sanfte Garmethode, bei der das Grillgut zwar auf einen heißen Grill gelegt wird, aber nicht direkt über die Hitzequelle. Zudem wird die Abdeckung beim Garen geschlossen, um die Hitze zu speichern. Bei Holzkohle oder Holz schaffen Sie auf dem Rost einen Bereich ohne direkte Hitzeeinwirkung, indem Sie die Glut einfach zur Seite schieben. Bei einem Gasgrill erreicht man dieselbe Wirkung, indem der Grill mit allen Brennern und geschlossener Abdeckung angeheizt wird und dann ein oder zwei Brenner abgedreht werden. Das Grillgut wird über den „stillgelegten“ Bereich gelegt.

Diese Methode eignet sich sehr gut für Stücke mit längerer Garzeit wie Braten oder ganzes Geflügel.

Wie beim direkten Grillen empfiehlt es sich, den Rost einzufetten. Dafür den Grill erst anheizen, dann die Glut aus dem Garbereich schieben oder den Brenner abdrehen. Ein geknülltes Küchenpapier mit Öl tränken und den heißen Rost damit mithilfe einer Grillzange einfetten, bis er fettglänzend ist.

SMOKEN

Unter „Smoken“ versteht man das Garen mit Hitze und Rauch (von Holz und/ oder Holzkohle). Das Gargut wird auf den Rost des Grills gelegt, der dann geschlossen und mit Hitze und Rauch gefüllt wird (Smoker und Smoker-Zubehör siehe Seite 8–9). Dadurch wird das Fleisch gleichzeitig gegart und aromatisiert. Smoken findet im Allgemeinen bei niedrigen Temperaturen statt. Dadurch hat das Gargut genügend Zeit, die Raucharomen aufzunehmen und bei einer konstanten Temperatur gleichmäßig zu garen, sodass Bakterien nicht überleben können.

Anheizen

So bereiten Sie Ihren Grill richtig vor und heizen die verschiedenen Grilltypen an.

GRILLEN MIT HOLZ

Für eine schöne Holzglut folgen Sie diesen Schritten.

1. Auf dem Boden des Grills einen kleinen Haufen aus Zweigen und Papierstücken bilden.

2. Über diesen Kegel ein „Zelt" aus kleineren Scheiten bauen, unter denen die Luft noch zirkulieren kann.

3. Die Zweige und Papierstücke an mehreren Stellen mit einem langen Streichholz anzünden.

4. Wenn die Scheite Feuer fangen, größere Scheite darüberlegen und warten, bis auch sie sich entzündet haben, dann weitere hinzufügen.

5. Wenn ein ordentliches Feuer lodert, große Holzscheite darüberlegen, sodass darunter noch Luft zirkulieren kann.

6. Wenn das Feuer richtig brennt, etwa 40 Minuten warten, bis sich eine ordentliche Hitze entwickelt hat. Wenn die Holzscheite glühend heiß sind, mit einem Schürhaken, einer Grillzange oder einem langen Stock die Scheite gleichmäßig im Grill verteilen.

GRILLBRIKETTS MIT ANZÜNDKAMIN

Zum Anfeuern von Grillbriketts ist ein Anzündkamin ideal. Dabei handelt es sich um einen zylinderförmigen Schornstein mit Griff, in dem die Briketts ohne Grillanzünder zum Glühen gebracht werden können. Den Kamin auf den Grillboden stellen und eine Schicht zerknülltes Zeitungspapier hineingeben. Mit Grillbriketts auffüllen. Das Papier anzünden. Wenn auch die Briketts Feuer gefangen haben, etwa 20 Minuten warten, bis eine schöne Glut entstanden ist. Wenn alle Briketts mit einer feinen weißen Ascheschicht überzogen sind, können Sie die Briketts vorsichtig auf den Grillboden ausschütten und mit einem Stock oder einer Grillzange verteilen.

GRILLBRIKETTS MIT ANZÜNDHILFE

Um einfache Grillbriketts oder Holzkohle ohne Anzündkamin anzufeuern, einen Kegel Briketts auf dem Grillboden bilden. Die Briketts mit etwas Spiritus oder einem anderen Grillanzünder besprenkeln und kurz einwirken lassen (währenddessen die Flasche wieder zuschrauben und in sicherem Abstand vom Grill abstellen). Die Briketts oder Holzkohlen an mehreren Stellen anzünden und 30–40 Minuten brennen lassen, bis sie glühend rot sind und mit einer feinen weißen Ascheschicht überzogen sind. Wenn die Glut heiß genug ist, mit einer Grillzange oder einem langen Stock auf dem Grillboden verteilen.

GETRÄNKTE GRILLBRIKETTS

Auch als „easy-light" oder „easy start" bezeichnet, handelt es sich um bereits mit einem Anzündmittel getränkte Grillbriketts. Der Gebrauch ist sehr einfach, sodass die Briketts nur auf dem Grillboden gehäuft und entzündet werden müssen. Die Briketts sind bereit zum Grillen, wenn sie glühen und mit einer weißen Ascheschicht bedeckt sind, was ebenfalls 30–40 Minuten in Anspruch nimmt. Wenn die Glut heiß genug ist, die Briketts mit einer Grillzange oder einem langen Stock auf dem Boden verteilen.

GASGRILL STARTEN

Das Wichtigste, an das man beim Anzünden eines Gasgrills denken muss, ist, die Abdeckung zu öffnen. Andernfalls kann sich im geschlossenen Raum zu viel Gas ansammeln, das bei einer plötzlichen Entzündung zu einer Explosion führen könnte. Jedes Modell funktioniert ein wenig anders, weshalb man sich fürs Anwerfen und Aufheizen genau an die Anleitung des Herstellers halten sollte.

NIEDRIGE, MITTLERE UND STARKE HITZE

Einer der wichtigsten Punkte beim Grillen ist die richtige Hitze. Andernfalls hilft auch das tollste Rezept und teuerste Fleisch nichts – das Ergebnis kann sehr enttäuschend ausfallen. Mit diesem einfachen Test beugen Sie kulinarischen Misserfolgen durch zu starke oder schwache Hitze vor.

Um grob zu bestimmen, wie heiß die Glut ist, halten Sie einfach die flache Hand darüber und zählen Sie die Sekunden (z. B. 21, 22, …). Wenn die Glut heiß ist (starke Hitze, sprich 230–290 °C), ziehen Sie Ihre Hand nach 1–2 Sekunden wieder weg. Bei einer mittleren Glut (mittlere Hitze bei 160–180°C) halten Sie es etwa 3 Sekunden aus. Über schwacher Glut (niedrige Hitze, entsprechend 110–120 °C) können Sie Ihre Hand 4–5 Sekunden halten.

In den Rezepten wird der Grill für alle drei Grillmethoden – direkt, indirekt, smoken – auf eine bestimmte Temperatur angeheizt. Diese Temperaturen sind:

Niedrige Hitze: 110–120 °C
Niedrige bis mittlere Hitze: 130–150 °C
Mittlere Hitze: 160–180 °C
Mittlere bis starke Hitze: 190–220 °C
Starke Hitze: 230–290 °C

Für absolute Genauigkeit können Sie die Gluthitze mit einem Thermometer prüfen, bevor Sie das Grillgut auf den Rost legen.

GRILLUTENSILIEN

Zum Grillen braucht es neben Grill und Glut nur noch wenige Utensilien, auf die Sie nicht verzichten sollten. Im Handel gibt es natürlich alle möglichen nützlichen Accessoires, doch nur wenige davon sind wirklich unverzichtbar (mehr dazu siehe auch Seite 148).

GRILLZANGE

Eine robuste, langstielige Grillzange ist unverzichtbar beim Umgang mit heißen Speisen rund um den Grill. Eine Grillzange aus rostfreiem Stahl mit Feder ist langlebig, einfach zu handhaben und zu reinigen. Eine zweite Zange zum Hin- und Herschieben der Kohle und anderer Gegenstände ist ebenfalls extrem nützlich.

SPIESSE

Bei Spießen hat man grundsätzlich die Wahl zwischen Holz und Metall. Der Vorteil von Holzspießen ist, dass sie billig sind und nach dem Gebrauch einfach entsorgt werden können. Die Kehrseite ist, dass sie vorher etwa 30 Minuten gewässert werden sollten, damit sie auf dem Rost nicht ankokeln oder gar Feuer fangen.

Alternativ dazu können lange, abgeflachte Metallspieße verwendet werden. Im Gegensatz zu runden Spießen kann sich das Grillgut nicht um sich selbst drehen. Metallspieße können beliebig oft wiederverwendet werden. Achten Sie beim Kauf auf hitzeunempfindliche Griffe, ansonsten tragen Sie Ofenhandschuhe, damit Sie sich am heißen Metall nicht die Finger verbrennen.

KÜCHENPINSEL
Ein langstieliger Pinsel aus Naturborsten (lassen Sie die Finger von allem Material, das nicht hitzebeständig sein könnte!) dient zum Bestreichen von Grillgut mit Marinaden oder Glasuren.

DRAHTBÜRSTE
Eine langstielige, robuste Drahtbürste ist unverzichtbar zum Reinigen.

THERMOMETER
Sehr nützlich, um zu prüfen, ob die Glut die richtige Temperatur hat.

FLEISCHTHERMOMETER
Ein digitales Fleischthermometer ist extrem hilfreich zum Messen der Fleischkerntemperatur, an der sich ablesen lässt, ob das Grillgut die gewünschte bzw. erforderliche Garstufe erreicht hat. Das ist insbesondere wichtig bei großen Fleischstücken wie Braten oder ganzem Geflügel.

Schon fertig?

Jetzt, wo Sie in einen tollen Grill investiert haben, sich mit den wichtigsten Utensilien ausgestattet haben und am liebsten direkt loslegen würden, sollte noch das Thema Lebensmittelsicherheit angesprochen werden. Lebensmittel richtig zubereiten ist ein wesentlicher Punkt zur Vermeidung von Lebensmittelvergiftungen. Hier nun einige hilfreiche Hinweise, die Sie beachten sollten.

GANZES GEFLÜGEL ODER GEFLÜGELSTÜCKE

Um zu prüfen, ob ganzes Geflügel gar ist, einen Spieß in die dickste Stelle eines Schenkels einstechen. Der austretende Fleischsaft sollte klar sein. Eine zweite Möglichkeit ist, am Unterschenkel zu wackeln. Wenn das Geflügel gar ist, lässt sich der Unterschenkel einfach drehen.

BURGER, WÜRSTCHEN UND SCHWEINEFLEISCH

Alle drei dürfen in der Mitte nicht mehr rosa sein und der austretende Fleischsaft sollte klar aussehen.

FISCH

Bei Fisch lässt sich relativ einfach erkennen, ob er gar ist: an der dicksten Stelle draufdrücken. Wenn sich das Fleisch einfach löst, ist es gar.

GARNELEN

Sie sollten so lange gegart werden, bis sie außen rosa sind.

AUSTERN UND MUSCHELN

Vor dem Garen müssen alle Muscheln aussortiert werden, die offen sind oder sich beim Draufklopfen nicht sofort schließen. Gegart sind Muscheln, wenn sie sich geöffnet haben. Exemplare, die sich nicht geöffnet haben, aussortieren.

THERMOMETERMETHODE

Dafür wird ein digitales Fleischthermometer in die dickste Stelle eingestochen (die Sonde darf aber nicht auf Knochen stoßen) und die abgelesene Kerntemperatur mit unten stehender Tabelle verglichen:

FLEISCHART	RARE/BLUTIG	MEDIUM RARE/ ENGLISCH	MEDIUM/ROSA	WELL DONE/ DURCHGEBRATEN
RIND	51 °C	65 °C	70 °C	77 °C (ODER MEHR)
LAMM	51 °C	65 °C	70 °C	77 °C (ODER MEHR)
SCHWEIN	–	–	70 °C	77 °C (ODER MEHR)
HÜHNCHEN UND PUTE	–	–	70 °C	77 °C (ODER MEHR)
ENTE	51 °C	65 °C	70 °C	77 °C (ODER MEHR)

Bitte beachten Sie zu Kerntemperaturen und Fleischsicherheit auch Hinweise und Empfehlungen staatlicher Institutionen, z.B. vom Bundesministerium für Verbraucherschutz.

ALLGEMEINE LEBENSMITTELSICHERHEIT

Allgemeine Regeln zur Lebensmittelsicherheit sollten auch für das Grillen im Freien gelten. Beispielsweise sollten Sie sich immer die Hände waschen, wenn Sie mit Lebensmitteln hantieren, ob Sie im Garten grillen oder in der Küche stehen.

Bakterien vermehren sich in jeder Art von Lebensmitteln und extrem schnell bei Temperaturen zwischen 5 und 60°C. Bewahren Sie Lebensmittel, insbesondere Fleisch, Geflügel und Fisch, bis zur Zubereitung im Kühlschrank oder an einem noch kälteren Ort (unter 5°C) auf bzw. folgen Sie den Angaben im Rezept.

Tiefgekühltes Fleisch, Geflügel oder Fisch muss vor dem Grillen vollständig aufgetaut sein, damit das Grillgut gleichmäßig gart.

Halten Sie rohes Fleisch, Geflügel oder Fisch immer getrennt von gegarten Speisen. Geräte und Utensilien, die in Kontakt mit rohem Fleisch kommen, sollten heiß abgespült werden, bevor sie für gegarte Speisen verwendet werden.

SICHERES GRILLEN

Feuer ist nicht ganz ungefährlich, und jedes Mal, wenn Sie Ihren Grill anzünden, sollten Sie einige Punkte berücksichtigen:

1. Halten Sie einen Feuerlöscher in der Nähe bereit und machen Sie sich mit der Bedienung des Grills vertraut.
2. Der Grill oder Smoker sollte nicht zu nah an Gebäuden, Bäumen, Blattwerk oder anderen entzündlichen Gegenständen aufgebaut werden. Folgen Sie den Angaben des Herstellers zu den Mindestabständen.
3. Stellen Sie sicher, dass der Grill immer von einer erwachsenen Person beaufsichtigt wird.
4. Halten Sie den Grill oder Smoker sauber, um die Gefahr von Stichflammen zu minimieren. Reinigen Sie nach jedem Gebrauch den Rost gründlich mit einer Drahtbürste, leeren Sie die Asche aus und reinigen Sie alle Oberflächen.
5. Inspizieren Sie den Grill, insbesondere einen Gasgrill, regelmäßig, um sicherzugehen, dass nichts verstopft ist oder keine anderen Probleme bestehen, die zu gefährlichen Situationen führen können.
6. Seien Sie sehr vorsichtig beim Gebrauch von Holzkohle mit Anzündmitteln. Spritzen Sie nie ein Anzündmittel in die offene Flamme und stellen Sie die Flasche mit dem Mittel fest verschlossen in ausreichender Entfernung zum Grill ab.
7. Halten Sie Kinder von heißen Oberflächen, Geräten und Brennmitteln fern.

LOS GEHT'S!

Wenn Sie nun das Grillgut vorbereitet und den Grill für die jeweilige Grillmethode auf die richtige Temperatur angeheizt haben, kann es losgehen! Die Rezepte in diesem Band sind alle leicht in der Zubereitung und voll im Geschmack. Worauf warten Sie also? Lassen Sie die Glut lodern, öffnen Sie ein kühles Getränk – und haben Sie Spaß!

Kapitel 1

BEIZEN & MARINADEN

Beizen, Marinaden und Glasuren richtig verwenden

Mit Marinaden, Beizen und Glasuren lassen sich alle möglichen Speisen schnell und einfach aromatisieren. Jede wirkt unterschiedlich auf das Grillgut ein und wird dementsprechend auch anders verwendet.

BEIZEN

Eine trockene Beize besteht aus einer Mischung von getrockneten Kräutern, Gewürzen, Salz und gelegentlich Zucker und wird auf die ungegarte Speise gerieben. Feuchte Beizen enthalten Öl oder andere Flüssigkeiten. Beide Arten durchziehen das Fleisch mit Aroma, die feuchten Beizen geben dem Fleisch noch zusätzlich Feuchtigkeit. Dadurch wird es aber schwieriger, dem Fleisch eine knusprige Kruste zu verleihen.

Eine gute Beize vereint die vier Geschmacksrichtungen süß, salzig, sauer und bitter. Beginnen Sie mit Salz und Zucker, dann fügen Sie weitere Aromen wie frische oder getrocknete Kräuter, Zwiebeln, Zwiebelpulver, Knoblauch, Knoblauchpulver, getrocknete Gewürze, frische oder getrocknete Chilis usw. hinzu, um den gewünschten Geschmack zu erzielen.

Beizen können mehrere Stunden vor der Zubereitung aufgetragen werden oder auch erst kurz vorher. Je länger eine Beize einzieht, desto mehr Aromen können sich entfalten. Wenn Sie das Fleisch leicht einschneiden, wird das Aroma der Beize noch besser aufgenommen. Sie benötigen etwa 2 Esslöffel Beize für 500 g Fleisch.

MARINADEN

Eine Marinade verleiht dem Grillgut nicht nur Geschmack, sie macht es auch zarter und saftig. Marinaden bestehen in der Regel aus drei verschiedenen Arten von Zutaten. Zum einen enthalten sie Säure, wie etwa den Saft von Zitrusfrüchten, Essig oder Wein, die das Fleisch gleichzeitig aromatisiert und zart macht. Außerdem gehören Aromastoffe wie Knoblauch und Gewürze dazu und schließlich Öle oder Fette, die die Aromen binden. Eine gute Marinade enthält alle drei Bestandteile, aber Sie können kreativ sein und nach Geschmack kombinieren.

Jede Fleisch-, Geflügel- oder Fischsorte wird durch eine gute Marinade aufgewertet. Besonders bei festen Fleischstücken, wie Schweineschulter oder Rinderbrust, ist der Einsatz von Marinaden sinnvoll, denn das Fleisch erhält nicht nur Geschmack, sondern wird auch herrlich zart. Für diese Fleischsorten ist es ratsam, wenn sie 8–24 Stunden marinieren. Ein ganzes Hähnchen sollte 4–6 Stunden eingelegt werden, Hähnchenteile 2 Stunden. Fisch oder Meeresfrüchte sind sehr zart und brauchen nur eine kurze Marinierzeit, 15–30 Minuten sind in der Regel ausreichend. Marinieren Sie das Grillgut nicht zu lange, da es sonst zu weich werden könnte.

Legen Sie das Grillgut immer in einen Behälter, der nicht mit der Säure der Marinade reagiert. Gut geeignet sind Glas, Keramik, Plastik oder Chromagan. Und decken Sie den Behälter in jedem Fall gut ab.

GLASUREN

Glasuren werden am Ende der Grillzeit großzügig mit einem Pinsel aufgetragen. Es sind meist dickflüssige Saucen mit hohem Zuckeranteil, wie die klassische Barbecue-Sauce. Nach dem Auftragen der Sauce sollte das Grillgut nur noch kurz gegart werden, bis die Glasur heiß ist und leicht Blasen wirft.

Grillbeize

ERGIBT 9 EL

VORB.: 5 MIN.

KEINE GARZEIT

ZUTATEN

4 EL brauner Zucker
1 EL Senfpulver
1 EL Salz
1 EL Pfeffer
2 TL Paprikapulver
1 TL getrockneter Thymian
1 TL getrockneter Oregano
1 TL Cayennepfeffer
1 TL gemahlener Piment

1. Alle Zutaten in einer kleinen Schüssel gründlich mischen.

2. Fleisch, Geflügel oder Fisch bei Zeitmangel direkt vor dem Garen, sonst bis zu 24 Stunden im Voraus gründlich mit der Mischung einreiben. Soll die Beize über die maximale Zeitspanne einwirken, das Salz weglassen und erst direkt vor dem Garen darüberstreuen.

3. Das Gargut in eine flache Schüssel legen, luftdicht abdecken und bis zum Gebrauch in den Kühlschrank stellen.

Cajun-Beize

ERGIBT 4 EL

VORB.: 5 MIN.

KEINE GARZEIT

ZUTATEN

1 EL zerstoßene schwarze Pfefferkörner
2 TL Paprikapulver
2 TL Knoblauchpulver oder zerdrückter Knoblauch
2 TL Salz
1 TL getrockneter Thymian
1 TL getrockneter Oregano
1 TL Senfpulver
½ TL Cayennepfeffer

1. Alle Zutaten in einer kleinen Schüssel gründlich mischen.

2. Fleisch, Geflügel, Fisch oder Meeresfrüchte bei Zeitmangel direkt vor dem Garen, sonst mehrere Stunden im Voraus gründlich mit der Mischung einreiben.

3. Das Gargut in eine flache Schüssel legen, luftdicht abdecken und bis zum Gebrauch in den Kühlschrank stellen.

Jamaikanische Jerk-Beize

ERGIBT 5 EL

VORB.: 5 MIN.

KEINE GARZEIT

ZUTATEN

4 TL dunkelbrauner Zucker

4 TL frisch gehackter Thymian

4 TL Salz

2 TL gemahlener Piment

1 TL Cayennepfeffer oder Chilipulver

1 kräftige Prise frisch geriebene Muskatnuss

1 Prise gemahlene Gewürznelken

1. Alle Zutaten in einer kleinen Schüssel gründlich mischen.

2. Fleisch, Geflügel, Fisch oder Meeresfrüchte mindestens 2 Stunden oder bis zu 24 Stunden im Voraus gründlich mit der Mischung einreiben. Soll die Beize über die maximale Zeitspanne einwirken, das Salz weglassen und erst direkt vor dem Garen darüberstreuen.

3. Das Gargut in eine flache Schüssel legen, luftdicht abdecken und bis zum Gebrauch in den Kühlschrank stellen.

Texas-Beize

ERGIBT 4 EL

VORB.: 5 MIN.

KEINE GARZEIT

ZUTATEN

1 EL gemahlene, getrocknete milde Chilis

1 EL Zwiebelpulver

1 EL Senfpulver

1 EL Salz

1. Alle Zutaten in einer kleinen Schüssel gründlich mischen.

2. Fleisch, Geflügel, Fisch oder Meeresfrüchte bei Zeitmangel direkt vor dem Garen, sonst bis zu 24 Stunden im Voraus gründlich mit der Mischung einreiben. Soll die Beize über die maximale Zeitspanne einwirken, das Salz weglassen und erst direkt vor dem Garen darüberstreuen.

3. Das Gargut in eine flache Schüssel legen, luftdicht abdecken und bis zum Gebrauch in den Kühlschrank stellen.

Kreolische Beize

ERGIBT 10 EL

VORB.: 5 MIN.

KEINE GARZEIT

ZUTATEN

2 EL Pfeffer

2 EL Selleriesalz

2 EL Paprikapulver

4 TL Knoblauchpulver

4 TL getrockneter Thymian

2 TL getrockneter Oregano

2 TL gemahlene Lorbeerblätter

1 Prise Chilipulver

1. Alle Zutaten in einer kleinen Schüssel gründlich mischen.

2. Fleisch, Geflügel, Fisch oder Meeresfrüchte 1–2 Stunden vor dem Garen gründlich mit der Mischung einreiben.

3. Das Gargut in eine flache Schüssel legen, luftdicht abdecken und bis zum Gebrauch in den Kühlschrank stellen.

Habanero-Chili-Beize

ERGIBT 10 EL

VORB.: 5 MIN.

KEINE GARZEIT

ZUTATEN

2 EL Paprikapulver

1–2 EL Chilipulver

1 EL Knoblauchpulver

1 EL Zwiebelpulver

2 TL hellbrauner Zucker

½ TL frisch geriebene Muskatnuss

1 EL gemahlener Kreuzkümmel

1 TL Cayennepfeffer

1 EL Salz

2 TL Pfeffer

1. Alle Zutaten in einer kleinen Schüssel gründlich mischen.

2. Fleisch, Geflügel, Fisch oder Meeresfrüchte 1–2 Stunden vor dem Garen gründlich mit der Mischung einreiben.

3. Das Gargut in eine flache Schüssel legen, luftdicht abdecken und bis zum Gebrauch in den Kühlschrank stellen.

Mediterrane Kräuterbeize

ERGIBT 10 EL
VORB.: 5 MIN.
KEINE GARZEIT

ZUTATEN

fein abgeriebene Schale von 1 Orange

fein abgeriebene Schale von 1 Zitrone

3 Knoblauchzehen, zerdrückt

4 EL frisch gehackter Rosmarin

2 EL frisch gehackter Salbei

1 EL frisch gehackter Thymian

1 EL Salz

2 TL Pfeffer

1. Alle Zutaten in einer kleinen Schüssel gründlich mischen.

2. Fleisch, Geflügel, Fisch oder Meeresfrüchte mindestens 2 Stunden oder bis zu 24 Stunden vor dem Garen gründlich mit der Mischung einreiben. Soll die Beize über die maximale Zeitspanne einwirken, das Salz weglassen und erst direkt vor dem Garen darüberstreuen.

3. Das Gargut in eine flache, nicht metallene Schüssel legen, luftdicht abdecken und bis zum Gebrauch in den Kühlschrank stellen.

Sichuan-Pfeffer-Beize

ERGIBT 5 EL
VORB.: 10 MIN.
5 MIN.

ZUTATEN

2 EL Sichuan-Pfefferkörner

2 EL Koriandersamen

1 TL Pimentkörner

1 TL Salz

1. Sichuan-Pfefferkörner und Koriandersamen in eine Pfanne mit Sandwichboden geben und bei mittlerer Hitze 2 Minuten rösten, bis sie zu duften beginnen. Aus der Pfanne schütten und abkühlen lassen, dabei alle schwarzen Pfefferkörner aussortieren.

2. Pfefferkörner und Koriandersamen mit Pimentkörnern und Salz in eine Mühle geben und mahlen. Nicht zu lange verarbeiten, da sonst die Gewürze zu fetten beginnen.

3. Fleisch, Geflügel, Fisch oder Meeresfrüchte mindestens 2 Stunden vor dem Garen mit der Mischung einreiben.

4. Das Gargut in eine Schüssel legen, luftdicht abdecken und bis zum Gebrauch in den Kühlschrank stellen.

Süßliche Grillmarinade

ERGIBT 200 ML

VORB.: 5 MIN.

5 MIN.

ZUTATEN

50 g hell- oder dunkelbrauner Zucker

5 EL Pflaumenkonfitüre

2 EL Tomatenmark

2 EL Weißweinessig

1 EL körniger Senf

1. Für die Marinade alle Zutaten in einen Topf geben und bei schwacher Hitze glatt rühren. Vom Herd nehmen und abkühlen lassen.

2. Inzwischen Fleisch-, Geflügel- oder Fischstücke mit einem scharfen Messer tief einschneiden und danach in eine flache, nicht metallene Schüssel oder einen Gefrierbeutel legen.

3. Die Fleisch-, Geflügel- oder Fischstücke mit der Marinade übergießen und darin wenden.

4. Luftdicht verschließen und im Kühlschrank unter gelegentlichem Wenden 1 Stunde marinieren, Fleisch vorzugsweise über Nacht, und anschließend garen.

Würzige Bier-Marinade

ERGIBT 500 ML

VORB.: 5 MIN.

KEINE GARZEIT

ZUTATEN

350 ml Bier

100 ml Sojasauce

1 EL Worcestersauce

1 TL Tabascosauce

1 Knoblauchzehe, fein gehackt

1 EL körniger Senf

2 TL Paprikapulver

1 TL Salz

1 TL Pfeffer

1. Fleisch- oder Wildstücke mit einem scharfen Messer tief einschneiden und danach in eine flache, nicht metallene Schüssel oder einen Gefrierbeutel legen.

2. Für die Marinade alle Zutaten in einem Becher oder in einer kleinen Schüssel gründlich mischen.

3. Fleisch oder Wild mit der Marinade übergießen und darin wenden.

4. Luftdicht abdecken oder verschließen und im Kühlschrank unter gelegentlichem Wenden bis zu 6 Stunden marinieren und anschließend garen.

Saté-Marinade

ERGIBT 225 ML

VORB.: 5 MIN.

5 MIN.

ZUTATEN

- 4 Frühlingszwiebeln, gehackt
- 1 Knoblauchzehe, gehackt
- 2 TL gehackter Ingwer
- 6 EL Erdnussbutter
- 1 TL Muscovado-Zucker
- 1 TL Fischsauce
- 2 EL Sojasauce
- 1 EL Chilisauce
- 1 TL Zitronensaft
- Salz
- Erdnüsse, zum Garnieren

1. Fleisch-, Geflügel- oder Fischstücke mit einem Messer tief einschneiden und in eine flache, nicht metallene Schüssel oder einen Gefrierbeutel legen.

2. Für die Marinade alle Zutaten in eine Küchenmaschine geben. 150 ml Wasser zufügen und zu einer Paste pürieren.

3. In einen Topf geben, Salz nach Geschmack zufügen und unter gelegentlichem Rühren langsam erhitzen. Das Grillgut mit der Marinade übergießen und darin wenden.

4. Luftdicht verschließen und im Kühlschrank unter gelegentlichem Wenden 6 Stunden marinieren und anschließend garen. Mit Erdnüssen garnieren und servieren.

Chimichurri-Marinade

ERGIBT 200 ML

VORB.: 5 MIN.

KEINE GARZEIT

ZUTATEN

- 125 ml Weißweinessig
- 3 EL natives Olivenöl extra
- 2 frische Jalapeño-Chilis, entkernt oder mit Kernen
- 2 Knoblauchzehen
- 1 TL Salz
- 1 TL Paprikapulver
- ½ TL gemahlene Lorbeerblätter
- 1 EL gehackter Koriander
- 1 EL gehackte Petersilie
- 2 TL gehackter Oregano

1. Fleisch- oder Geflügelstücke mit einem Messer tief einschneiden und danach in eine flache, nicht metallene Schüssel oder einen Gefrierbeutel legen.

2. Für die Marinade alle Zutaten bis auf die Kräuter in einer Küchenmaschine oder mit einem Stabmixer zu einer glatten Mischung verarbeiten. Die frischen Kräuter unterrühren.

3. Fleisch oder Geflügel mit der Marinade übergießen und darin wenden.

4. Luftdicht abdecken oder verschließen und im Kühlschrank unter gelegentlichem Wenden bis zu 6 Stunden marinieren und anschließend garen.

Kapitel 2
RIND

Rinderbrust
in Soja-Ingwer-Marinade

FÜR 6–8 PERSONEN

VORB.: 20 MIN. + MARINIEREN + RUHEN

10 STUNDEN

ZUTATEN

2 kg Rinderbrust

SOJA-INGWER-MARINADE

100 g brauner Zucker

150 ml helle Sojasauce

150 ml Mirin-Sauce

2 EL koreanische Chili-Bohnenpaste

4 Knoblauchzehen, zerdrückt

50 g Ingwerwurzel, in feinen Scheiben

1 TL Pfefferkörner

1 TL Sichuan-Pfefferkörner

3 Sternanise

1 Zimtstange

1. Für die Marinade alle Zutaten in einer großen Schüssel mischen. Das Fleisch sorgfältig darin wenden.

2. Die Rinderbrust in eine nicht zu große nicht metallene Form geben und die restliche Marinade darübergeben.

3. Mit Frischhaltefolie abgedeckt mindestens 24 Stunden im Kühlschrank marinieren.

4. Die Rinderbrust mindestens 1 Stunde vor dem Grillen wieder aus dem Kühlschrank nehmen, damit sie Raumtemperatur hat.

5. Den Grill zum Smoken bei niedriger Hitze vorbereiten.

6. Die Rinderbrust mit der flachen Seite nach unten auf den Rost legen und 10 Stunden bei aufgesetztem Deckel smoken, bis der Kern nicht mehr rosa und der Fleischsaft klar ist.

7. Die Rinderbrust in Alufolie einschlagen und an einem warmen Ort 30 Minuten ruhen lassen, dann tranchieren und servieren.

DA SMOKEN EINE ETWAS LÄNGERE ANGELEGENHEIT IST, SOLLTEN SIE ES MÖGLICHST SCHON EIN PAAR TAGE IM VORAUS PLANEN.

Teilstücke vom Rind

FEHLRIPPE

Schmor- und Bratenfleisch. Aus dem hinteren Teil können Steaks zum Grillen und Kurzbraten geschnitten werden.

HOHE RIPPE

Feinfaseriges Fleisch mit gutem Fettanteil, Grillfleisch wie Prime-Rib- oder Rib-Eye-Steaks stammen aus diesem Stück.

NACKEN/KAMM/HALS

Fleisch mit grober Struktur, eignet sich zum Schmoren, z. B. für Gulasch. Wird auch zu Hackfleisch weiterverarbeitet.

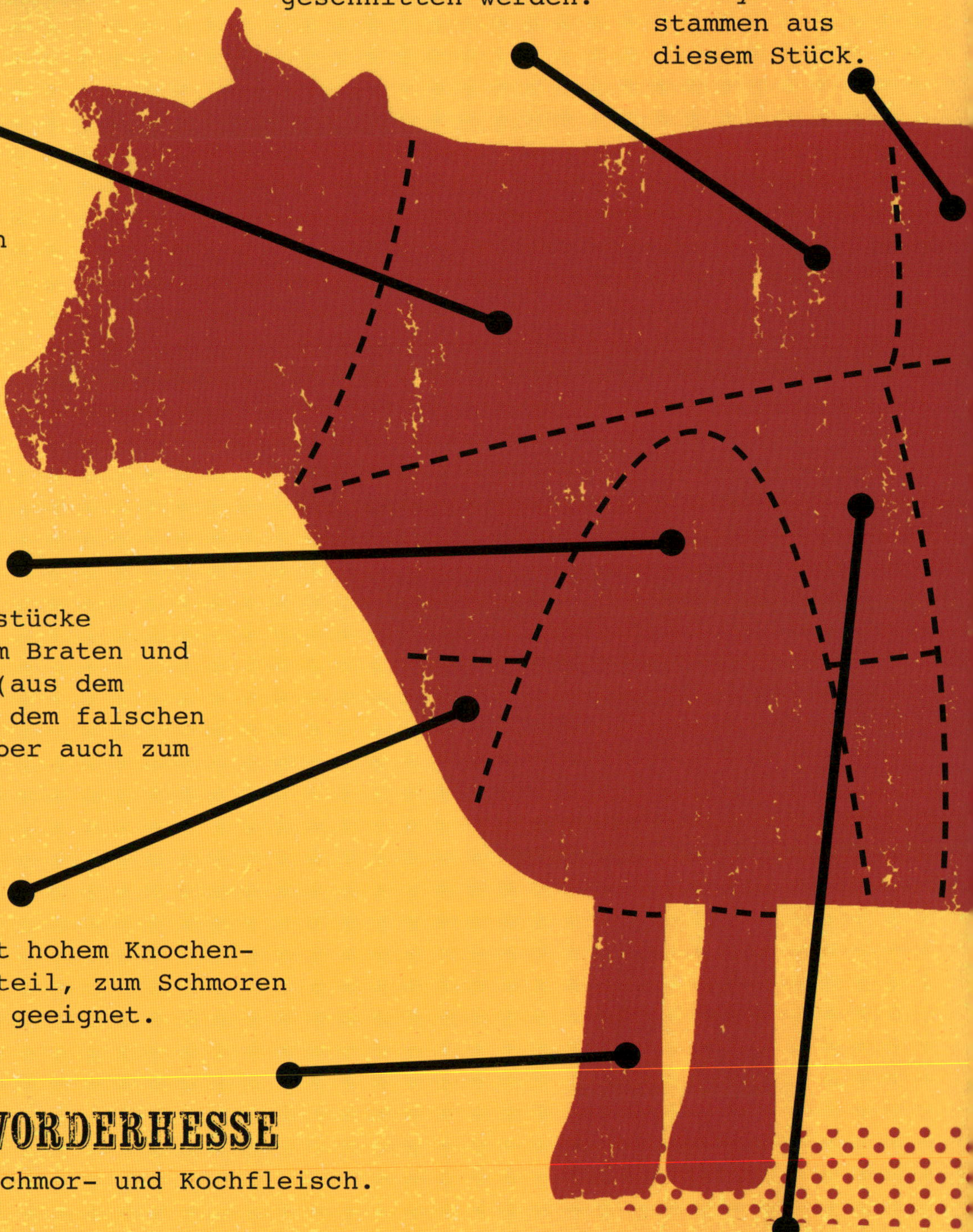

SCHULTER/BUG

Wird in mehrere Teilstücke zerlegt, die sich zum Braten und Schmoren, zu Steaks (aus dem dicken Bugstück oder dem falschen Filet) geschnitten aber auch zum Grillen eignen.

BRUST

Fleisch mit hohem Knochen- und Fettanteil, zum Schmoren und Kochen geeignet.

VORDERHESSE

Schmor- und Kochfleisch.

QUER-/SPANNRIPPE

Knochen- und fettreich, wird als Suppenfleisch oder für Eintöpfe verwendet.

ROASTBEEF

Zartes, saftiges, fein marmoriertes Fleischstück, wird u. a. zu Steaks wie Porterhouse-, T-Bone- und Filetsteak verarbeitet. Aus dem vorderen Teil wird das Entrecote geschnitten.

FILET/LENDE

Das edelste Stück des Rinds, aus dem u. a. Chateaubriand und Filet Mignon geschnitten werden.

HÜFTE/BLUME

Mageres und zartes Fleisch mit vielen Verwendungen, auch zum Grillen in Form von Steaks (Rumpsteak) oder Spießen.

OBER- UND UNTERSCHALE

Mageres Fleisch, das in der Regel ausgelöst angeboten wird. Geeignet zum Braten und Schmoren, aber auch als Grillsteaks.

KUGEL

Mageres Fleischstück zum Braten und Schmoren.

HINTERHESSE

Schmorfleisch, oft in Scheiben angeboten.

DÜNNUNG

Fleisch mit hohem Knochen-Fett-Anteil, wird hierzulande meist verarbeitet, z. B. zu Hackfleisch. Das daraus geschnittene Flank Steak, das in anderen Ländern als Spezialität gilt, sollte beim Metzger vorbestellt werden.

Rinderkoteletts
mit Kapern-Sardellen-Butter

FÜR 4 PERSONEN

VORB.: 30 MIN. + RUHEN

20 MIN.

ZUTATEN

4 EL Olivenöl

1 TL Salz

1 TL Pfeffer

2 Rinderkoteletts (à 800 g)

KAPERN-SARDELLEN-BUTTER

5 Sardellenfilets, gehackt

200 g weiche Butter

2 Knoblauchzehen, zerdrückt

40 g kleine Kapern

1 kleines Bund Petersilie, gehackt

1 TL Salz

1 TL Pfeffer

1. Öl, Salz und Pfeffer in einer nicht metallenen Form, die groß genug für beide Koteletts ist, verrühren. Die Koteletts darin wenden. Beiseitestellen.

2. Für die Butter alle Zutaten in einer mittleren Schüssel mit einem Holzlöffel sorgfältig verrühren.

3. Den Grill für direktes Grillen bei mittlerer bis starker Hitze vorbereiten.

4. Die Koteletts auf den Rost legen und von jeder Seite 10 Minuten (medium rare) oder länger, bis die gewünschte Garstufe erreicht ist, grillen. Dabei gelegentlich von beiden Seiten mit der Kapern-Sardellen-Butter bestreichen.

5. Die Koteletts in Alufolie einschlagen und an einem warmen Ort 5 Minuten ruhen lassen. Tranchieren und mit der restlichen Butter servieren.

DIE KAPERN-SARDELLEN-BUTTER PASST AUCH GUT ZU FESTFLEISCHIGEM FISCH WIE THUNFISCH, LACHS, SCHWERTFISCH ODER MAKRELE.

T-Bone-Steak mit Pilzbutter

FÜR 4 PERSONEN

VORB.: 25 MIN. + KÜHLEN + RUHEN

25 MIN.

ZUTATEN

2 große rote Zwiebeln, in 2,5 cm dicken Ringen

Olivenöl, zum Einfetten

4 T-Bone-Steaks (je 2,5 cm dick)

Salz und Pfeffer

PILZBUTTER

120 g weiche Butter

1 Schalotte, gewürfelt

25 g Pilze wie Steinpilze, Pfifferlinge, Champignons oder eine Mischung, gehackt

1 EL frisch gehackter Thymian oder 1 TL getrockneter Thymian

1 TL Salz

½ TL Pfeffer

1 EL Rotwein

1. Für die Pilzbutter 2 Esslöffel Butter in einer großen schweren Pfanne bei mittlerer Hitze zerlassen. Die Schalotte darin etwa 5 Minuten unter gelegentlichem Rühren glasig dünsten. Pilze, Thymian, Salz und Pfeffer zufügen und 5 Minuten unter gelegentlichem Rühren mitdünsten, bis die Pilze weich sind und zu bräunen beginnen. Den Wein zufügen und den Bratensatz kurz vom Pfannenboden lösen. Einige Minuten abkühlen lassen.

2. Die restliche Butter mit der Pilzmischung in eine Schüssel geben und mit dem Handmixer verrühren. Auf ein quadratisches Stück Alufolie geben und zu einer Rolle formen. Einschlagen und etwa 30 Minuten im Kühlschrank fest werden lassen.

3. Den Grill für direktes Grillen bei starker Hitze vorbereiten. Die Zwiebeln mit Öl bestreichen. Steaks und Zwiebelringe salzen und pfeffern. Beides auf den Rost legen und von jeder Seite etwa 5 Minuten grillen (medium rare) oder länger, bis die gewünschte Garstufe erreicht ist bzw. die Zwiebeln gut gebräunt sind.

4. Die Steaks vom Grill nehmen. Ein paar Scheiben Pilzbutter daraufgeben und 5 Minuten ruhen lassen. Die Steaks mit weiterer Pilzbutter und den Zwiebelringen servieren.

DIE GESCHMOLZENE PILZBUTTER ERGIBT EINE TOLLE SAUCE FÜR JEDE ART VON GRILLSTEAK.

Steak
mit Schwarze-Bohnen-Salsa

FÜR 4 PERSONEN

VORB.: 25 MIN.

3 MIN.

ZUTATEN

4 El Olivenöl

1 TL Salz

1 TL Pfeffer

4 ausgelöste Steaks aus der Fehlrippe (à 350 g)

SCHWARZE-BOHNEN-SALSA

400 g schwarze Bohnen aus der Dose, abgetropft

280 g Gemüsemais aus der Dose, abgetropft

1 kleine rote Zwiebel, fein gehackt

1 kleine grüne Paprika, klein gewürfelt

1 EL Chipotle-Paste

1 El brauner Zucker

1 kleines Bund Koriander, gehackt

4 EL natives Olivenöl extra

2 EL Sherryessig

1 TL Salz

1 TL Pfeffer

1. Für die Salsa alle Zutaten in einer mittleren Schüssel vermengen und 10 Minuten ziehen lassen. Dann bis zum Servieren in den Kühlschrank stellen.

2. Den Grill für direktes Grillen bei starker Hitze vorbereiten.

3. Öl, Salz und Pfeffer in einer nicht metallenen Form verrühren. Die Steaks einige Male darin wenden.

4. Die Steaks auf den Rost legen und von jeder Seite 4 Minuten grillen (medium rare) oder länger, bis die gewünschte Garstufe erreicht ist.

5. Die Steaks einige Minuten an einem warmen Ort ruhen lassen. Dann in Streifen schneiden und mit der Salsa servieren.

WENN SIE IHR STEAK LIEBER ETWAS DURCHGEGARTER MÖGEN, VERWENDEN SIE BESSER EIN RIB-EYE-STEAK AUS DER HOCHRIPPE.

Marinierte & geräucherte Rinderrippe

FÜR 4 PERSONEN

VORB.: 20 MIN. + MARINIEREN + RUHEN

6 STUNDEN

ZUTATEN

2 x 1 kg Rinderrippe, Silberhaut entfernt (fragen Sie Ihren Metzger)

4 EL brauner Zucker

2 EL Old-Bay-Gewürzmischung (Internet)

MARINADE

2,5 l Wasser

500 g grobes Meersalz

250 g brauner Zucker

10 Gewürznelken

20 Pfefferkörner

1 kleines Bund frischer Thymian

3 Zimtstangen

3 Sternanise

2,5 l Eiswasser

1. Für die Marinade bis auf das Eiswasser alle Zutaten in einem Topf kochen, bis sich das Salz aufgelöst hat. Den Herd ausschalten und das Eiswasser zugießen.

2. Die Rippchen in einen großen nicht metallenen Behälter geben und mit der Marinade übergießen. Mit einem Teller oder Ähnlichem beschweren. Abgedeckt im Kühlschrank 24 Stunden ziehen lassen. Die Rippchen mindestens 1 Stunde vor dem Grillen wieder aus der Lake nehmen, damit sie Raumtemperatur haben.

3. Die Rippchen auf ein Brett legen und mit Zucker und Gewürzmischung einreiben.

4. Den Grill zum Smoken bei niedriger Hitze vorbereiten. Die Rippchen mit der Fleischseite nach oben auf den Rost legen und bei aufgesetztem Deckel 6 Stunden smoken. Zur Garprobe das Fleisch einstechen; der austretende Saft sollte klar und das Fleisch nicht mehr rosa sein. Mit Alufolie abdecken und 30 Minuten ruhen lassen, dann servieren.

ES LOHNT SICH, MEHR RIPPCHEN EINZULEGEN, ALS SIE SMOKEN WOLLEN, UND DANN EINZUFRIEREN. SIE HALTEN SICH MEHRERE MONATE.

Rib-Eye-Steak
mit Ranch-Dressing

FÜR 4 PERSONEN

VORB.: 20 MIN.

3 MIN.

ZUTATEN

4 EL Olivenöl

1 TL Salz

1 TL Pfeffer

4 Rib-Eye-Steaks (à 280 g)

RANCH-DRESSING

1 EL Mayonnaise

1 EL saure Sahne

1 EL Buttermilch

1 EL Apfelessig

1 TL Dijon-Senf

1 Knoblauchzehe, zerdrückt

4 Schnittlauchhalme, in Röllchen

1 Stängel frische Petersilie, gehackt

1 Stängel frischer Dill, gehackt

½ TL Salz

½ TL Pfeffer

1. Den Grill für direktes Grillen bei starker Hitze vorbereiten.

2. Olivenöl, Salz und Pfeffer in einer nicht metallenen Form verrühren. Die Steaks einige Male darin wenden.

3. Für das Dressing alle Zutaten in einer kleinen Schüssel glatt rühren. Beiseitestellen.

4. Die Steaks auf den Rost legen und von jeder Seite 4 Minuten grillen (medium rare) oder länger, bis die gewünschte Garstufe erreicht ist.

5. Die Steaks 2 Minuten ruhen lassen, dann mit dem Dressing servieren.

STEAKS SOLLTEN VOR DEM GRILLEN IMMER RAUMTEMPERATUR HABEN, SO GAREN SIE GLEICHMÄSSIGER.

Rumpsteak-Fajitas

FÜR 4 PERSONEN

VORB.: 20 MIN. + MARINIEREN

10–15 MIN.

ZUTATEN

1 Stück Rumpsteak (ca. 675 g schwer und 2 cm dick)

4 Weizentortillas

2 Tomaten, in feinen Scheiben

1 Avocado, geschält, entsteint und in Scheiben

4 EL saure Sahne

4 Frühlingszwiebeln, in feinen Ringen

MARINADE

2 EL Sonnenblumenöl, plus etwas mehr zum Einfetten

fein abgeriebene Schale von 1 Limette

1 EL Limettensaft

2 Knoblauchzehen, zerdrückt

¼ TL gemahlener Koriander

¼ TL gemahlener Kreuzkümmel

1 Prise Zucker

1. Für die Marinade alle Zutaten in einer flachen Form verrühren. Das Steak darin wenden und abgedeckt 6–8 Stunden unter gelegentlichem Wenden marinieren.

2. Den Grill für indirektes Grillen bei starker Hitze vorbereiten. Den Rost einfetten.

3. Das Steak aus der Marinade nehmen, über der heißesten Stelle des Grills auf den Rost legen und 2–3 Minuten von jeder Seite grillen. Zu einer weniger heißen Stelle ziehen und bis zur gewünschten Garstufe weitergrillen. Auf ein Brett heben und 5 Minuten ruhen lassen.

4. Inzwischen die Tortillas auf dem Grill aufwärmen. Das Steak in feine Streifen schneiden und auf den Tortillas verteilen. Mit Tomaten, Avocado, saurer Sahne und Frühlingszwiebeln garnieren. Zusammenklappen und sofort servieren.

1

3

4

Porterhousesteak
in Rotweinsauce

FÜR 2 PERSONEN

VORB.: 25 MIN.

30 MIN.

ZUTATEN

2 EL Olivenöl

1 TL Salz

1 TL Pfeffer

2 Porterhousesteaks (à 350 g)

ROTWEINSAUCE

1 EL Olivenöl

1 EL Butter

1 rote Zwiebel, fein gehackt

2 Knoblauchzehen, zerdrückt

1 kleines Bund frischer Thymian, gehackt

200 ml Rotwein

1 EL Mehl

1 TL Dijon-Senf

1 TL Tomatenmark

200 ml Rinderbrühe

Salz und Pfeffer

1. Olivenöl, Salz und Pfeffer in einer nicht metallenen Form verrühren. Die Steaks sorgfältig darin wenden.

2. Für die Rotweinsauce Olivenöl und Butter in einem mittleren Topf erhitzen. Zwiebeln und Knoblauch darin bei mittlerer Hitze 10 Minuten unter gelegentlichem Rühren garen, bis sie glasig und karamellisiert sind. Thymian und Rotwein zugeben und auf die Hälfte einkochen. Mehl, Senf und Tomatenmark unterrühren. Die Brühe unter ständigem Rühren langsam dazugießen. Mit Salz und Pfeffer würzen und einige Minuten einkochen und eindicken lassen. Den Topf vom Herd nehmen und die Sauce warm halten.

3. Den Grill für direktes Grillen bei starker Hitze vorbereiten.

4. Die Steaks auf den Rost legen und von jeder Seite 4 Minuten grillen (medium rare) oder länger, bis die gewünschte Garstufe erreicht ist. An einem warmen Ort 2 Minuten ruhen lassen, dann mit der Rotweinsauce servieren.

KAUFEN SIE MÖGLICHST NUR GUT ABGEHANGENES RINDFLEISCH. ES HAT EIN BESSERES AROMA UND IST ZARTER.

Rindfleisch-Burger
mit Käse-Jalapeño-Füllung

FÜR 4 PERSONEN

VORB.: 20 MIN.

10–15 MIN.

ZUTATEN

675 g mageres Rinderhackfleisch

1 großes Ei, leicht verquirlt

2 Frühlingszwiebeln, in feinen Ringen

1–2 Jalapeño-Chilis, entkernt und fein gehackt

2 EL fein gehackter frischer Koriander

2 EL Worcestersauce

½ TL Salz

½ TL Pfeffer

120 g Edamer, gerieben

ZUM SERVIEREN

4 Burgerbrötchen, halbiert und getoastet

Tomatenscheiben

Salatblätter

Tomatenketchup

1. Hackfleisch, Ei, Frühlingszwiebeln, Chilis, Koriander, Worcestersauce, Salz und Pfeffer in eine Schüssel geben und sorgfältig von Hand vermengen. Zu acht gleich großen Kugeln formen und zu etwa 1 cm dicken Pattys flach drücken. Die Hälfte der Pattys mit dem geriebenen Käse bestreuen, dabei einen Rand lassen.

2. Den Grill für direktes Grillen bei mittlerer bis starker Hitze vorbereiten.

3. Die Käsepattys mit den restlichen vier Pattys bedecken und die Ränder zusammendrücken. Die Pattys 1–2 cm flach drücken. Dabei darauf achten, dass die Ränder gut verschlossen bleiben.

4. Die Burger auf den Rost legen und von jeder Seite 5–8 Minuten gar grillen. Zur Garprobe einen Patty an der dicksten Stelle einstechen; der austretende Saft sollte klar und das Fleisch nicht mehr rosa sein. Die Pattys mit Tomatenscheiben, Salat und Ketchup in die Brötchen setzen und sofort servieren.

DER GESCHMOLZENE KÄSE IN DER MITTE DER PATTYS SORGT FÜR GESCHMACK UND SAFT.

Rindfleischstreifen mit Käse im Brötchen

FÜR 4 PERSONEN

VORB.: 20 MIN.

5½ STUNDEN

ZUTATEN

1 kg Rinderbrust

2 TL Salz

2 TL Pfeffer

4 Baguettebrötchen

4 EL Mayonnaise

FÜLLUNG

2 EL Öl

2 EL Butter

2 grüne Paprika, in Streifen

1 Zwiebel, in Ringen

1 TL Salz

1 TL Pfeffer

600 g geriebener Mozzarella

1. Den Grill für indirektes Grillen bei niedriger bis mittlerer Hitze vorbereiten.

2. Das Fleisch mit Salz und Pfeffer einreiben.

3. Das Fleisch mit der flachen Seite nach unten auf den Rost legen und 5 Stunden bei aufgesetztem Deckel gar grillen. Zur Garprobe das Fleisch einstechen; der austretende Saft sollte klar sein. Vom Grill nehmen und vollständig erkalten lassen.

4. Für die Füllung Öl und Butter in einer Pfanne erhitzen. Paprika und Zwiebel darin bei mittlerer Hitze 10 Minuten weich dünsten. Mit Salz und Pfeffer würzen.

5. Den Grill für direktes Grillen bei starker Hitze vorbereiten. Das Rindfleisch in möglichst feine Scheiben schneiden und in vier Stapeln in einer Bratform aufeinandersetzen. Paprika, Zwiebeln und Käse darauf verteilen. Grillen, bis der Käse geschmolzen ist.

6. Die Brötchen aufschneiden und mit der Mayonnaise bestreichen. Die Rindfleischfüllung hineingeben. Sofort servieren.

SIE KÖNNEN DIE BRÖTCHEN AUCH DURCH BAGUETTE ERSETZEN, DAS IN ENTSPRECHEND LANGE STÜCKE GESCHNITTEN WIRD.

Rinderbratwürstchen mit Tomatenrelish

FÜR 4 PERSONEN

VORB.: 30 MIN. + KÜHLEN

35–40 MIN.

ZUTATEN

WÜRSTCHEN

1 kg Fehlrippe, gewürfelt und gekühlt

100 g Rindertalg

2 TL Fenchelsamen

2 TL getrockneter Thymian

1 kleines Bund Petersilie, gehackt

1 EL Dijon-Senf

2 TL Salz

1 TL Pfeffer

1 EL Tomatenmark

1 m Naturdarm

TOMATENRELISH

4 EL Olivenöl

2 EL Rotweinessig

1 EL Zucker

4 große Tomaten, halbiert

1 rote Paprika, halbiert

1 rote Zwiebel, geviertelt

1 großer roter Chili

4 Knoblauchzehen

1 Handvoll frische Petersilie

1 TL Salz

1 TL Pfeffer

1. Für die Würstchen die Fleischwürfel mit Talg, Fenchel, Thymian, Petersilie, Senf, Salz, Pfeffer und Tomatenmark in einer Schüssel vermengen.

2. Die Mischung durch die grobe Scheibe des Fleischwolfs drehen und 30 Minuten kalt stellen.

3. Den Naturdarm nach Packungsangabe wässern. Ein Ende über die Wursttülle des Fleischwolfes ziehen, das andere verknoten. Die gekühlte Wurstmasse in den Fleischwolf geben.

4. Den Darm gleichmäßig mit der Wurstmasse füllen. Die Wurst in einer geraden Linie auf die Arbeitsfläche legen und von beiden Seiten regelmäßig einstechen. Zu vier langen Würstchen abbinden.

5. Den Grill für direktes Grillen bei mittlerer bis starker Hitze vorbereiten.

6. Für das Relish alle Zutaten in einer großen Schüssel vermengen und in einer Bratform verteilen. Auf den Rost setzen und bei aufgesetztem Deckel 25 Minuten garen, bis das Gemüse gebräunt und weich ist. Leicht abkühlen lassen.

7. Das abgekühlte Gemüse auf ein großes Schneidebrett geben und zu einem groben Relish hacken. Die Würstchen auf den Rost legen und 6 Minuten von jeder Seite gar grillen. Sofort mit dem Relish servieren.

MIT ALTEN TOMATENSORTEN UND POBLANO-CHILIS GELINGT DAS RELISH GANZ BESONDERS AROMATISCH.

Kapitel 3
SCHWEIN & LAMM

Pulled Pork
mit Süßkartoffelstampf

FÜR 6–8 PERSONEN

VORB.: 20 MIN. + RUHEN

12¼ STUNDEN

ZUTATEN

3 kg Schweineschulter am Knochen, ohne Schwarte

GEWÜRZMISCHUNG

1 EL Paprikapulver

2 EL brauner Zucker

1 TL getrockneter Thymian

1 TL getrockneter Oregano

2 TL Pfeffer

1 TL Knoblauchsalz

1 TL Selleriesalz

1 TL Salz

1 TL Zwiebelpulver

CHILISAUCE

2 EL milder Senf

2 EL Apfelessig

2 EL Zuckerrübensirup

2 EL Tomatenketchup

1 EL Sriracha-Sauce (scharfe Chilisauce; im Asia-Laden)

SÜSSKARTOFFELSTAMPF

1 kg Süßkartoffeln, gewürfelt

200 g gesalzene Butter, gewürfelt

1 TL Pfeffer

1. Den Grill zum Smoken bei niedriger Hitze vorbereiten.

2. Für die Gewürzmischung alle Zutaten in einer Schale vermengen.

3. Die Schweineschulter auf ein Brett legen und rundum mit der Gewürzmischung einreiben.

4. Die Schweineschulter mit der Fettschicht nach oben auf den Rost legen. Bei aufgesetztem Deckel 12 Stunden smoken, bis sich eine dicke dunkelgoldene Kruste gebildet hat. Zur Garprobe das Fleisch an der dicksten Stelle einstechen; der austretende Saft sollte klar und das Fleisch nicht mehr rosa sein. In Alufolie einschlagen und an einem warmen Ort 30 Minuten ruhen lassen.

5. Für die Chilisauce alle Zutaten in einer Schale glatt rühren.

6. Die Süßkartoffeln in einem großen Topf gar dämpfen oder kochen. Gut abtropfen lassen und zerstampfen. Butter und Pfeffer einarbeiten.

7. Die Schweineschulter entbeinen und das Fleisch in Stücke zupfen. Das Fleisch sollte sehr zart sein. In eine große Schüssel geben. Die Chilisauce darübergeben und vorsichtig unterheben, damit das Fleisch nicht weiter zerfällt.

8. Das Schweinefleisch sofort mit dem Süßkartoffelstampf servieren.

DIE SCHWEINESCHULTER WIRD AM BESTEN SCHON MORGENS ZUM SMOKEN AUF DEN GRILL GELEGT.

Pikante Schälrippchen

FÜR 4 PERSONEN

VORB.: 20 MIN. + MARINIEREN

4 STUNDEN

ZUTATEN

4 Schälrippchen vom Ferkel (à 500 g)

MARINADE

2 EL brauner Zucker

3 EL Old-Bay-Gewürzmischung (Internet)

1 EL Worcestersauce

4 TL Salz

APFELGLASUR

150 ml Apfelsaft

2 EL Olivenöl

2 EL Apfelessig

1. Für die Marinade alle Zutaten in einer großen Form mischen. Die Rippchen sorgfältig darin wenden.

2. Die Rippchen in eine nicht metallene Form legen. Die restliche Marinade darübergeben. Mit Frischhaltefolie abgedeckt mindestens 12 Stunden im Kühlschrank marinieren.

3. Die Rippchen mindestens 1 Stunde vor dem Grillen wieder aus dem Kühlschrank nehmen, damit sie Raumtemperatur haben.

4. Für die Apfelglasur alle Zutaten in einer Schale glatt rühren und beiseitestellen.

5. Den Grill für indirektes Grillen bei niedriger bis mittlerer Hitze vorbereiten.

6. Die Rippchen auf den Rost legen und 4 Stunden bei aufgesetztem Deckel grillen; dabei von beiden Seiten alle 30 Minuten mit der Glasur bestreichen.

7. Wenn sich das Fleisch leicht vom Knochen lösen lässt und der Fleischsaft klar ist, die Rippchen vom Grill nehmen und sofort servieren.

DIE FLEISCHFASERN BLEIBEN GERN MAL ZWISCHEN DEN ZÄHNEN HÄNGEN. HALTEN SIE ALSO IMMER EIN PAAR ZAHNSTOCHER GRIFFBEREIT.

Glasierte Schweinekoteletts

FÜR 4 PERSONEN

VORB.: 20 MIN.

20 MIN.

ZUTATEN

4 EL Olivenöl

1 TL Salz

1 TL Pfeffer

4 Schweinekoteletts (à 350 g)

APFELGLASUR

3 große Kochäpfel, geschält, entkernt und gehackt

2 EL grober Zucker

Saft von 1 Zitrone

150 ml herber Apfelwein

1. In einer großen nicht metallenen Form Öl, Salz und Pfeffer verrühren. Die Koteletts sorgfältig darin wenden.

2. Für die Apfelglasur die Äpfel mit Zucker, Zitronensaft und Apfelwein in einen Topf geben und bei mittlerer Hitze 5 Minuten bei aufgesetztem Deckel unter gelegentlichem Rühren weich kochen.

3. Wenn die Äpfel weich sind und auseinanderzufallen beginnen, den Topf vom Herd nehmen und die Äpfel etwas abkühlen lassen.

4. Den Grill für direktes Grillen bei mittlerer bis starker Hitze vorbereiten.

5. Die Apfelmischung mit einem Stabmixer glatt pürieren.

6. Die Koteletts auf den Rost legen und von jeder Seite 6 Minuten gar grillen. Dabei immer wieder mit der Apfelglasur bestreichen.

7. Wenn die Koteletts durchgegart sind und der Fleischsaft klar ist, ein letztes Mal mit der Glasur bestreichen und sofort servieren.

DIESE KOTELETTS SIND EIN TOLLES SPÄTSOMMERLICHES GRILLGERICHT, WENN DIE ERSTEN HEIMISCHEN ÄPFEL AUF DEM MARKT SIND.

Klassische Spareribs

FÜR 4 PERSONEN

VORB.: 30 MIN. + MARINIEREN + RUHEN

2–2½ STUNDEN

ZUTATEN

1,8–2,5 kg Schälrippchen

1 Zwiebel, geviertelt

2 Lorbeerblätter

2 TL schwarze Pfefferkörner

1 TL Salz

1 Portion klassische BBQ-Sauce (siehe Seite 166)

1. Die Rippchen (gegebenenfalls halbiert) in einen großen Topf geben und mit kaltem Wasser bedecken. Zwiebel, Lorbeerblätter, Pfefferkörner und Salz zufügen und bei starker Hitze zum Kochen bringen. Die Hitze auf niedrige Stufe reduzieren und 1½–2 Stunden köcheln lassen. In den letzten 30 Minuten immer wieder prüfen, ob das Fleisch gar ist. Den Topf vom Herd nehmen, sobald sich das Fleisch einfach vom Knochen lösen lässt. Die Rippchen abtropfen lassen.

2. Die Rippchen mit etwas BBQ-Sauce bestreichen und abgedeckt 2–8 Stunden im Kühlschrank marinieren. Etwa 30 Minuten vor dem Grillen aus dem Kühlschrank nehmen.

3. Den Grill für direktes Grillen bei starker Hitze vorbereiten. Die Rippchen mit BBQ-Sauce bestreichen, auf den Rost legen und 12–15 Minuten von jeder Seite grillen, dabei alle 5–10 Minuten mit der Sauce bestreichen, bis die Rippchen schön karamellisiert und stellenweise dunkelbraun sind. Zur Garprobe das Fleisch einstechen; der austretende Saft sollte klar und das Fleisch nicht mehr rosa sein.

4. Die Rippchen vom Rost nehmen und 5 Minuten ruhen lassen. In einzelne Rippen teilen und sofort servieren.

NACH DIESEN WÜRZIGEN SPARERIBS LECKT SICH JEDER DIE FINGER; SIE SIND IDEAL FÜR EINE GRILLPARTY.

Glasierter Schweinerücken
mit Grillpfirsichen

FÜR 4 PERSONEN

VORB.: 20 MIN. + MARINIEREN

1¼ STUNDEN

ZUTATEN

1,25–1,3 kg ausgelöster Schweinerücken

4 kleine vollreife, aber feste Pfirsiche, halbiert und entsteint

MARINADE

125 ml Ahornsirup

125 g Dijon-Senf

2 Knoblauchzehen, fein gehackt

2 EL Apfelessig

1 EL fein gehackter frischer Thymian

¾ TL Salz

½ TL Pfeffer

1. Für die Marinade alle Zutaten in einer großen Schüssel verrühren. Das Fleisch darin sorgfältig wenden und abgedeckt im Kühlschrank 2–24 Stunden marinieren.

2. Den Grill für indirektes Grillen bei mittlerer bis starker Hitze vorbereiten. Das Fleisch über der heißesten Stelle des Grills auf den Rost legen und 10 Minuten von jeder Seite braun grillen. Den Schweinerücken von der direkten Hitze ziehen und bei aufgesetztem Deckel weitere 45–50 Minuten garen. Dabei alle 10 Minuten wenden und mit der restlichen Marinade bestreichen. Zur Garprobe das Fleisch an der dicksten Stelle einstechen; der austretende Saft sollte klar und das Fleisch nicht mehr rosa sein. Das Fleisch vom Rost nehmen, locker in Alufolie einschlagen und 10 Minuten ruhen lassen.

3. Die restliche Marinade in einen Topf füllen und bei starker Hitze zum Kochen bringen. Die Hitze auf mittlere Stufe reduzieren und etwa 8 Minuten einköcheln lassen, bis eine dickflüssige Sauce entstanden ist.

4. Die Pfirsichhälften über der heißesten Stelle auf den Rost legen und 2 Minuten von jeder Seite grillen, bis sich Grillmarken gebildet haben.

5. Den Schweinerücken in 1 cm dicke Scheiben schneiden und sofort mit der Sauce und den Pfirsichhälften servieren.

DAS LANGE EINLEGEN IN DER AHORNSIRUP-SENF-MARINADE VERLEIHT DEM SCHWEINERÜCKEN EIN FANTASTISCHES AROMA.

Schweinebauch
mit Apfel-Senf-Ketchup

FÜR 4 PERSONEN

VORB.: 25 MIN. + RUHEN

2¼ STUNDEN

ZUTATEN

1 kleines Bund frischer Thymian

1 Fenchel, in Scheiben

1 Zwiebel, in Scheiben

1,5 kg Schweinebauch

575 ml herber Apfelwein

300 ml Hühnerbrühe

150 ml Apfelessig

50 g Honig

1 TL Salz

1 TL Pfeffer

APFEL-SENF-KETCHUP

Saft von 2 Zitronen

50 g Zucker

3 Kochäpfel, geschält, entkernt und gehackt

2 EL milder Senf

1. Den Grill für indirektes Garen bei mittlerer Hitze vorbereiten.

2. Thymian, Fenchel und Zwiebel in einer tiefen Bratform, die knapp größer ist als der Schweinebauch, mischen. Den Schweinebauch daraufsetzen.

3. Apfelwein, Brühe, Essig und Honig in einer mittleren Schüssel verrühren.

4. Die Mischung über den Schweinebauch gießen und mit Salz und Pfeffer bestreuen.

5. Die Bratform auf den Rost stellen, den Deckel aufsetzen und 2 Stunden gar grillen. Zur Garprobe das Fleisch an der dicksten Stelle einstechen; der austretende Saft sollte klar und das Fleisch nicht mehr rosa sein. Es sollte sich außerdem eine schöne Kruste gebildet haben.

6. Für den Ketchup alle Zutaten in einer mikrowellengeeigneten Schüssel verrühren. Mit Mikrowellenfolie bedecken und bei hoher Wattzahl 4 Minuten erhitzen, bis die Äpfel zu zerfallen beginnen. Mit einem Stabmixer glatt pürieren und abkühlen lassen.

7. Den Schweinebauch aus der Form nehmen und an einem warmen Ort 30 Minuten ruhen lassen. Den Fleischsaft durch ein Haarsieb in einen mittleren Topf passieren und auf die Hälfte einkochen.

8. Den Schweinebauch in Scheiben schneiden und sofort mit Sauce und Ketchup servieren.

IN SCHEIBEN GESCHNITTEN UND MIT KRAUTSALAT GARNIERT SCHMECKT DIESER SCHWEINE-BAUCH AUCH UNWIDERSTEHLICH IN EINEM KNUSPRIGEN BRÖTCHEN.

Jamaikanisches Schweinefilet

FÜR 4–6 PERSONEN

VORB.: 20 MIN. + MARINIEREN + RUHEN

30–35 MIN.

ZUTATEN

2 gleich lange Schweinefilets (à 500 g)

Pflanzenöl, zum Bestreichen

Salz und Pfeffer

gegarter Reis, zum Servieren

JAMAIKANISCHE MARINADE

3 EL Pimentkörner

3 Gewürznelken

2-cm-Stück Zimtstange, zerbrochen

½ TL frisch geriebene Muskatnuss

2 große Knoblauchzehen

1–2 frische rote Chilis, entkernt und fein gehackt

1 großes Bund Schnittlauch (ca. 40 g), in Röllchen

2 TL Meersalz

2 EL Malzessig

2 EL Sojasauce

1 EL Rum

1. Für die Marinade die Pimentkörner in einer kleinen Pfanne trocken rösten, bis sie zu duften beginnen. Zusammen mit Nelken, Zimt und Muskatnuss im Mörser pulvrig fein zerstoßen. Mit den restlichen Marinadezutaten im Mixer 2 Minuten glatt pürieren.

2. Die Filets rundum mit der Marinade bestreichen und gut einmassieren. Mit Frischhaltefolie abdecken und 2 Stunden im Kühlschrank marinieren.

3. Die Filets auf ein Brett legen und die beiden Oberseiten mit Öl bestreichen. Mit den geölten Seiten gegengleich aufeinandersetzen. Mit Küchengarn festbinden und erneut rundum mit Öl bestreichen. Salzen und pfeffern. Abgedeckt bei Raumtemperatur 30 Minuten ziehen lassen.

4. Den Grill für indirektes Garen bei starker Hitze vorbereiten. Den Rost einfetten.

5. Das Fleisch über der heißesten Stelle auf den Rost legen und 8 Minuten grillen. Dabei alle 2 Minuten wenden, bis das Filet rundum gebräunt ist. Auf eine kühlere Stelle des Grills ziehen und bei aufgesetztem Deckel 20–25 Minuten garen. Zur Garprobe das Fleisch an der dicksten Stelle einstechen; der austretende Saft sollte klar und das Fleisch nicht mehr rosa sein.

6. Das Filet auf ein Schneidebrett heben. Mit Alufolie abdecken und 10 Minuten ruhen lassen. Das Küchengarn entfernen und das Filet in Scheiben schneiden. Mit dem Bratensaft und dem Reis sofort servieren.

SCHNEIDEN SIE DAS FILET SCHRÄG IN ETWA 1 CM DICKE SCHEIBEN.

Teilstücke vom Schwein

SCHINKEN

Wird in die Teilstücke Ober-/Unterschale für Schnitzel, Nuss und Hüfte für Bratenstücke und Schmorfleisch zerlegt. Besonders aus der Hüfte werden auch Steaks geschnitten.

SCHULTER/BUG

Ideal zum Braten und Schmoren. Es werden auch Schnitzel daraus geschnitten.

KOTELETT

Mageres, feinfaseriges Fleisch, das am Knochen als Kotelett, ausgelöst als Braten oder Steaks angeboten wird.

RÜCKEN- UND NACKENSPECK

Fettgewebe, wird geräuchert, gepökelt oder auch unbehandelt „grün" angeboten.

KAMM/RÜCKEN

Saftiges, durchwachsenes Fleisch, das als Braten oder auch als Steaks zugeschnitten wird.

BACKE

Muss sehr lange gegart werden, um mürbe und zart zu schmecken.

FILET

Das edelste Stück vom Schwein kann als Braten, Steaks oder Medaillons zubereitet werden.

HAXE

Erfordert aufgrund des hohen Knochen- und Sehnenanteils langes Garen. Kann gekocht, gebraten, geschmort und auch gegrillt werden.

DICKE RIPPE/BRUSTSPITZE

Preiswertes, grobfaseriges Fleisch zum Kochen, Braten und Schmoren. Der ausgelöste vordere Teil kann zum Grillen verwendet werden, vor allem für eine größere Personenzahl.

BAUCH

Sehr fettreiches Teilstück. Eignet sich hervorragend zum Braten. Zum Grillen als Bauchspeck oder Schälrippe (oberes Drittel, auch Rippenspeer, Leiterchen, Spareribs).

Teilstücke vom Lamm

HALS/NACKEN

Durchwachsenes Teilstück, das für Schmorgerichte wie Gulasch, Eintopf und Ragouts verwendet wird.

BRUST

Kräftiges Fleisch mit höherem Fettanteil, das für Eintopf, Gulasch und Suppen verwendet werden kann.

RÜCKEN/SATTEL

Zartes Fleisch zum Braten, Schmoren, Kurzbraten, wird zum Grillen in einzelne Stielkoteletts oder doppelte Koteletts oder Chops, 2–3 cm dicke Steaks, zerteilt.

KEULE

Saftiges Fleisch, das sich besonders zum Braten und Schmoren eignet. Aus der Keule werden auch Steaks und Schnitzel geschnitten, die sich auch zum Kurzbraten und Grillen eignen.

SCHULTER/BUG

Wird mit oder ohne Knochen angeboten. Sehr gutes Fleisch für Braten- und Schmorgerichte oder auch Grillspieße.

HAXE

Knochenreiches durchwachsenes Teilstück, das in der Regel geschmort wird.

DÜNNUNG

Das Stück hat eine lange Garzeit und eignet sich gut für Ragout, Eintöpfe und Rollbraten.

Schweinebauch
mit Kimchi-Salat im Brötchen

ERGIBT 14 STÜCK

VORB.: 20 MIN. + KÜHLEN

2¼ STUNDEN

ZUTATEN

1 kg Schweinebauch

3 Sternanise

1 Zimtstange

5 getrocknete Shiitake-Pilze

5 Frühlingszwiebeln

200 g Zucker

100 ml helle Sojasauce

300 ml Reiswein

100 ml Reisessig

14 runde Brötchen (siehe Seite 182)

6 EL japanische Mayonnaise, zum Bestreichen

KIMCHI-SALAT

3 EL japanische Mayonnaise

½ Chinakohl, in Streifen

200 g Kimchi (eingelegter koreanischer Kohl), in Streifen

4 Frühlingszwiebeln, gehackt

20 g eingelegter Ingwer, gehackt

1. Den Backofen auf 180 °C vorheizen.

2. Sternanise, Zimt, Pilze, Frühlingszwiebeln, Zucker, Sojasauce, Reiswein und Reisessig in einer Bratform mischen und den Schweinebauch hineinsetzen. Mit Backpapier und Alufolie abdecken.

3. Im vorgeheizten Ofen 2 Stunden gar braten. Zur Garprobe das Fleisch an der dicksten Stelle einstechen; der austretende Saft sollte klar und das Fleisch nicht mehr rosa sein. Vollständig in der Schmorflüssigkeit erkalten lassen.

4. Für den Salat alle Zutaten in einer mittleren Schüssel vermengen.

5. Den Grill für direktes Grillen bei mittlerer bis starker Hitze vorbereiten.

6. Den Schweinebauch in 2 cm dicke Scheiben schneiden. Die Scheiben auf den Rost legen und von jeder Seite 3–4 Minuten knusprig braun grillen.

7. Die Schweinebauchscheiben in Quadrate schneiden. Die Brötchen aufschneiden. Mit Mayonnaise bestreichen und mit Schweinebauch und Kimchi-Salat füllen.

ÜBRIG GEBLIEBENER SCHWEINEBAUCH AUS DIESEM REZEPT KANN FÜR WOKGERICHTE ODER NUDELSUPPEN VERWENDET WERDEN.

Pikante Hotdogs
mit Texas-Chili

FÜR 4 PERSONEN

VORB.: 20 MIN.

2½ STUNDEN

ZUTATEN

TEXAS-CHILI

4 EL Olivenöl

1 Zwiebel, gewürfelt

1 Selleriestange, gewürfelt

2 Knoblauchzehen, zerdrückt

350 g Rinderhackfleisch

1 EL Mehl

1 EL Paprikapulver

1 EL gemahlener Kreuzkümmel

1 EL gemahlener Koriander

1 TL getrockneter Oregano

1 TL Zwiebelpulver

1 TL Chilipulver

1 TL getrockneter Thymian

400 ml passierte Tomaten

400 ml Rinderbrühe

Salz und Pfeffer

HOTDOGS

4 große Hotdog-Würstchen

4 Hotdog-Brötchen

milder Senf, zum Servieren

1 Zwiebel, gehackt

1. Für das Chili das Öl in einem mittleren Topf erhitzen. Zwiebel, Sellerie und Knoblauch darin bei niedriger Hitze und aufgesetztem Deckel 10 Minuten glasig und weich dünsten.

2. Die Hitze etwas erhöhen, das Hackfleisch zugeben und 10 Minuten anbraten; dabei die Klumpen mit einem Holzlöffel zerdrücken.

3. Mehl und Gewürze darüberstreuen und einige Minuten unterrühren. Nach und nach passierte Tomaten und Brühe unterrühren. Salzen und pfeffern und bei kleiner Hitze und aufgesetztem Deckel 2 Stunden schmoren, bis das Chili schön eingedickt ist. Warm halten.

4. Den Grill für direktes Grillen bei mittlerer bis starker Hitze vorbereiten.

5. Die Würstchen auf den Rost legen und 10 Minuten unter gelegentlichem Wenden gar grillen.

6. Die Würstchen in die aufgeschnittenen Brötchen legen, mit dem Chili, Senf und gehackten Zwiebeln garnieren und sofort servieren.

DAS CHILI KANN BEREITS AM VORTAG ZUBEREITET WERDEN. ES SCHMECKT AUCH PRIMA MIT HAMBURGERN.

Chiliwürstchen
mit Ananas-Salsa

FÜR 4 PERSONEN

VORB.: 40 MIN. + KÜHLEN

12 MIN.

ZUTATEN

CHILIWÜRSTCHEN

1 kg gewürfelte Schweineschulter, gekühlt

2 TL Fenchelsamen

2 EL geräuchertes Paprikapulver

2 TL getrockneter Thymian

2 TL getrockneter Oregano

4 Knoblauchzehen, gehackt

2 TL Salz

1 TL Pfeffer

1 TL Chiliflocken

1 m Naturdarm

Öl, zum Einfetten

ANANAS-SALSA

1 vollreife Ananas

1 rote Zwiebel, fein gehackt

1 TL Chiliflocken

2 EL Olivenöl

1 EL brauner Zucker

Saft von 1 Limette

1 TL Salz

1 TL Pfeffer

1 kleines Bund Koriander, gehackt

1. Für die Würstchen das Schweinefleisch mit allen anderen Zutaten in einer großen Schüssel sorgfältig vermengen.

2. Die Fleischmischung durch die grobe Scheibe des Fleischwolfs drehen und 30 Minuten kalt stellen.

3. Den Naturdarm nach Packungsangabe wässern. Ein Ende über die Wursttülle des Fleischwolfs ziehen, das andere verknoten. Die gekühlte Wurstmasse in den Fleischwolf geben.

4. Den Darm gleichmäßig mit der Wurstmasse füllen. Die Wurst in einer geraden Linie auf die Arbeitsfläche legen und von beiden Seiten regelmäßig einstechen. Zu vier langen Würstchen abbinden.

5. Für die Salsa die Ananas vierteln und den harten Strunk in der Mitte entfernen. Das Fruchtfleisch aus der Schale lösen und in 1 cm große Würfel schneiden. Die Ananaswürfel mit den restlichen Salsazutaten in einer Schüssel sorgfältig vermengen und kurz ziehen lassen.

6. Den Grill für direktes Grillen bei mittlerer bis starker Hitze vorbereiten. Den Rost mit etwas Öl einfetten. Die Würstchen darauflegen und von jeder Seite 6 Minuten gar grillen. Zur Garprobe die Wurst einstechen; der austretende Saft sollte klar und das Fleisch nicht mehr rosa sein. Sofort mit der Salsa servieren.

WENN SIE KEINE ZEIT HABEN, BESORGEN SIE SICH GUTE PIKANT GEWÜRZTE GROBE BRAT-WÜRSTCHEN BEIM METZGER.

Italienische Würstchen
mit Paprika & Zwiebeln

FÜR 4 PERSONEN

VORB.: 40 MIN. + KÜHLEN

20–25 MIN.

ZUTATEN

WÜRSTCHEN

1 kg gewürfelte Schweineschulter, gekühlt

2 TL Fenchelsamen

2 TL getrockneter Salbei

2 TL getrockneter Thymian

1 Bund gehackte Petersilie

fein abgeriebene Schale von 2 Zitronen

2 TL Salz

1 TL Pfeffer

1 TL Chiliflocken

1 m Naturdarm

Öl, zum Einfetten

GARNIERUNG

4 EL Olivenöl

1 rote Paprika, gewürfelt

1 gelbe Paprika, gewürfelt

1 rote Zwiebel, gehackt

2 EL Rotweinessig

1 TL Salz

1 TL Pfeffer

4 Baguettebrötchen

6 EL Mayonnaise

1 Handvoll Rucola

1. Für die Würstchen das Schweinefleisch mit allen anderen Zutaten in einer großen Schüssel sorgfältig vermengen.

2. Die Fleischmischung durch die grobe Scheibe des Fleischwolfs drehen und 30 Minuten kalt stellen.

3. Den Naturdarm nach Packungsangabe wässern. Ein Ende über die Wursttülle des Fleischwolfs ziehen, das andere verknoten. Die gekühlte Wurstmasse in den Fleischwolf geben.

4. Den Darm gleichmäßig mit der Wurstmasse füllen. Die Wurst in einer geraden Linie auf die Arbeitsfläche legen und von beiden Seiten regelmäßig einstechen. Zu vier langen Würstchen abbinden.

5. Für die Garnierung das Öl in einer mittleren Pfanne erhitzen. Paprika und Zwiebel darin bei mittlerer Hitze 10 Minuten weich andünsten. Essig, Salz und Pfeffer untermischen. Vom Herd nehmen.

6. Den Grill für direktes Grillen bei mittlerer bis starker Hitze vorbereiten. Den Rost leicht mit Öl einfetten. Die Würstchen darauflegen und 6 Minuten von jeder Seite gar braten. Zur Garprobe die Würstchen einstechen; der austretende Saft sollte klar und das Fleisch nicht mehr rosa sein.

7. Die Brötchen aufschneiden und mit Mayonnaise bestreichen. Mit Würstchen und Paprikamischung füllen und mit etwas Rucola garnieren. Sofort servieren.

Hackbällchenspieße
mit Käsesauce

FÜR 4 PERSONEN

VORB.: 30 MIN.

20–25 MIN.

ZUTATEN

450 g Schweinehackfleisch

2 EL Olivenöl, plus etwas mehr zum Einfetten

2 Schalotten, fein gehackt

100 g Semmelbrösel

100 ml Milch

1 TL Fenchelsamen

1 TL getrockneter Oregano

1 großes Ei, verquirlt

50 g geriebener Parmesan, plus etwas mehr zum Servieren

1 TL Salz

1 TL Pfeffer

4 große Essiggurken, in Scheiben

KÄSESAUCE

50 g Butter

40 g Mehl

600 ml Vollmilch

1 EL milder Senf

150 g Räucherkäse, gerieben

½ TL Salz

½ TL Pfeffer

1. Für die Hackbällchen alle Zutaten in eine große Schüssel geben und sorgfältig vermengen. Zu golfballgroßen Kugeln formen und auf vier Metallspieße stecken.

2. Den Grill für direktes Grillen bei mittlerer bis starker Hitze vorbereiten.

3. Inzwischen für die Käsesauce die Butter in einem mittleren Topf bei kleiner Hitze zerlassen. Das Mehl einstreuen und unter Rühren hell anschwitzen.

4. Die Milch in einem kleinen Topf zum Kochen bringen und unter ständigem Rühren langsam in die Mehlschwitze gießen. Dann Senf, Käse, Salz und Pfeffer unterrühren. Warm halten.

5. Den Rost leicht mit Öl einfetten und die Spieße bei aufgesetztem Deckel 10–12 Minuten unter gelegentlichem Wenden gar grillen. Zur Garprobe das Fleisch einstechen; der austretende Saft sollte klar und das Fleisch nicht mehr rosa sein. Sofort mit der Sauce, Gurke und Parmesan servieren.

WENN SIE KEINEN GERÄUCHERTEN KÄSE MÖGEN, KÖNNEN SIE AUCH EDAMER ODER EINEN BLAUSCHIMMELKÄSE VERWENDEN.

Maximaler Geschmack

Ein guter Grill und zu wissen, wie man damit umgeht, sind schon mal die halbe Miete für ein wohlschmeckendes Grillergebnis. Aber es gibt noch mehr Fertigkeiten, als nur eine gute Glut hinzubekommen und die Grillzange zu schwingen. Hier sind unsere besten Tipps, wie man maximalen Geschmack vom Grill erhält.

MIT DEM BESTEN BEGINNEN

Entscheiden Sie sich immer für das beste Fleisch, das Sie bekommen können. Lassen Sie sich vom Metzger beraten und folgen Sie seinen Empfehlungen.

RICHTIGE ZUBEREITUNG

Bevor Sie auch nur das erste Streichholz anzünden, sollten Sie prüfen, ob das Fleisch richtig vorbereitet ist. Entfernen Sie alles überflüssige Fett, marinieren Sie es oder reiben Sie es mit einer Würzmischung ein und lassen es 30–60 Minuten bei Raumtemperatur ruhen, bevor Sie es auf den heißen Grill werfen.

IN DER LETZTEN SEKUNDE WÜRZEN

Selbst wenn Fleisch in einer salzhaltigen Marinade eingelegt wurde, geht viel Würze verloren, wenn Sie es aus der Marinade nehmen. Deshalb darf Fleisch unmittelbar vor dem Grillen noch einmal gesalzen werden. Nur wenn Sie eine Würzmischung mit Salz verwenden, ist zusätzliches Salzen nicht erforderlich.

GUT GEGRILLT

Idealerweise sollte das Fleisch nach dem Grillen eine schöne Kruste mit leckeren Röstaromen haben. Dafür ist aber nicht nur eine gute Glut erforderlich, sondern auch ein wenig Geduld! Legen Sie das Fleisch auf den Rost und grillen Sie es, bis sich tiefe, dunkle Grillmarken abzeichnen. Erst dann wenden!

RUHEN LASSEN

Einige Minuten Ruhezeit nach dem Grillen sorgen dafür, dass sich der Fleischsaft wieder gleichmäßig im Fleisch oder in der Wurst verteilt. Nehmen Sie das Grillgut also vom Grill und legen Sie es auf ein Brett oder einen Teller und lassen es vor dem Servieren 5 Minuten (Steaks oder Koteletts) oder 15–30 Minuten (Braten oder ganzes Geflügel) abgedeckt liegen.

Lammchops
mit Tomaten-Minze-Sauce

FÜR 4 PERSONEN

VORB.: 20 MIN. + MARINIEREN

1–1¼ STUNDEN

ZUTATEN

8 Lammchops aus Schulter oder Rücken, 2–2,5 cm dick

Salz und Pfeffer

MARINADE

4 EL Olivenöl

4 EL Rotweinessig

2 Knoblauchzehen, fein gehackt

TOMATEN-MINZE-SAUCE

2 EL Olivenöl

1 kleine Zwiebel, gewürfelt

500 g Flaschentomaten, gehäutet, entkernt und gehackt

1–2 Jalapeño- oder Bird's-Eye-Chilis, entkernt und fein gehackt

100 g Zucker

Saft von 1 Zitrone

½ TL Salz

2 EL frisch gehackte Minze, plus etwas mehr zum Garnieren

1. Für die Marinade Öl, Essig und Knoblauch in einer Form oder Schüssel verrühren. Die Chops salzen und pfeffern und in der Marinade wenden. Abgedeckt 2–8 Stunden im Kühlschrank marinieren.

2. Für die Sauce das Öl in einer großen schweren Pfanne erhitzen. Die Zwiebel darin bei mittlerer bis starker Hitze etwa 5 Minuten unter Rühren andünsten. Tomaten, Chilis, Zucker, Zitronensaft und Salz zufügen und zum Kochen bringen. Die Hitze auf niedrige bis mittlere Hitze reduzieren und unter gelegentlichem Rühren etwa 45 Minuten köcheln lassen, bis die Tomaten zusammengefallen sind und die Masse eingedickt ist. Die Minze unterrühren und die Sauce vom Herd nehmen.

3. Den Grill für direktes Grillen bei starker Hitze vorbereiten. Die Chops auf den Rost legen und 5–7 Minuten von jeder Seite gar grillen. Zur Garprobe das Fleisch an der dicksten Stelle einstechen; der austretende Saft sollte klar und das Fleisch nicht mehr rosa sein.

4. Die Chops mit Minze garnieren und sofort mit der Tomaten-Minze-Sauce servieren.

DIE PIKANTSCHARFE SAUCE SORGT BEI DIESER GRILLSPEZIALITÄT FÜR DEN EXTRAKICK.

Lammfleischburger
mit Feta & Zaziki

FÜR 4 PERSONEN

VORB.: 15 MIN.

10 MIN.

ZUTATEN

BURGER

500 g Lammhackfleisch
1 TL Salz
1 TL Pfeffer
1 TL Kreuzkümmelsamen

ZAZIKI

4 EL griechischer Joghurt
1 kleines Bund Minze, gehackt
1 kleines Bund Dill, gehackt
½ Gurke, in feinen Scheiben
½ TL Salz
½ TL Pfeffer

EINGELEGTE ZWIEBELN

1 rote Zwiebel, in Ringen
2 EL Rotweinessig
½ TL Salz

Öl, zum Einfetten
4 Burgerbrötchen
100 g Feta, zerkrümelt

1. Für die Burger alle Zutaten in einer mittleren Schüssel sorgfältig vermengen.

2. Die Masse zu vier gleich großen Kugeln formen und flach drücken.

3. Für das Zaziki alle Zutaten in einer Schale glatt rühren.

4. Für die eingelegten Zwiebeln alle Zutaten in einer zweiten Schale mischen.

5. Den Grill für direktes Grillen bei mittlerer bis starker Hitze vorbereiten.

6. Den Rost leicht mit Öl einfetten. Die Frikadellen 5 Minuten von jeder Seite gar grillen. Zur Garprobe die Frikadellen einstechen; der austretende Saft sollte klar und das Fleisch nicht mehr rosa sein.

7. Die Brötchen mit Frikadellen, Zaziki, Feta und eingelegten Zwiebeln füllen und sofort servieren.

DIESE LAMMFLEISCHBURGER SIND EINE TOLLE ALTERNATIVE ZU DEN TRADITIONELLEN RINDER- ODER GEFLÜGELBURGERN.

Lammkebabs

FÜR 4 PERSONEN

VORB.: 20 MIN.

10 MIN.

ZUTATEN

LAMMSPIESSE

1 kg magere Lammschulter, gewürfelt

2 EL Olivenöl

1 TL Paprikapulver

1 TL getrockneter Oregano

1 TL gemahlener Kreuzkümmel

1 TL getrockneter Thymian

1 TL Salz

1 TL Pfeffer

4 dünne Fladenbrote

4 EL griechischer Joghurt

1 große Tomate, klein gewürfelt

1 kleine rote Zwiebel, in Streifen

100 g Rotkohl, gehobelt

1 kleines Bund Koriander, gehackt

2 Zitronen, halbiert

Sriracha- oder eine andere scharfe Chilisauce (im Asia-Laden)

1. Für die Lammspieße die Fleischwürfel mit Öl, Gewürzen, Salz und Pfeffer in einer mittleren Schüssel sorgfältig vermengen.

2. Den Grill für direktes Grillen bei starker Hitze vorbereiten.

3. Die Fleischwürfel auf vier Metallspieße stecken. Auf den Rost legen und von jeder Seite 2 Minuten (medium rare) grillen oder länger, bis die gewünschte Garstufe erreicht ist. Die Spieße einige Minuten an einem warmen Ort ruhen lassen.

4. Die Fladenbrote auf den Grill legen und von beiden Seiten einige Sekunden rösten.

5. Die Fleischwürfel von den Spießen streifen. Die Fladenbrote mit dem Joghurt bestreichen. Fleischwürfel, Tomate, Zwiebel, Kohl und Koriander darauf verteilen. Mit Zitronensaft und Chilisauce beträufeln und sofort servieren.

INDISCHES NAAN-BROT IST EINE GUTE ALTERNATIVE ZU DEN FLADENBROTEN. ES MUSS NUR EINIGE SEKUNDEN AUF DEM GRILL ERHITZT WERDEN.

Kapitel 4
HÄHNCHEN & PUTE

Glasierte Chickenwings

FÜR 4 PERSONEN

VORB.: 20 MIN.

30 MIN.

ZUTATEN

1 kg Hühnchenflügel, Spitzen abgetrennt

Öl, zum Einfetten

GEWÜRZMISCHUNG

1 EL Paprikapulver

½ TL gemahlener Kreuzkümmel

1 TL getrockneter Thymian

1 TL getrockneter Oregano

1 TL Salz

1 TL Pfeffer

WHISKY-GLASUR

2 EL Whisky

2 EL Apfelessig

1 EL Worcestersauce

2 EL Zuckerrübensirup

2 EL Tomatenketchup

2 EL Chipotle-Paste

1 EL milder Senf

½ TL Salz

½ TL Pfeffer

1. Für die Gewürzmischung alle Zutaten in einer großen Schüssel vermengen.

2. Die Hähnchenflügel am Gelenk durchtrennen. In die Schüssel geben und sorgfältig in der Gewürzmischung wenden.

3. Für die Glasur den Whisky in einem Topf bei mittlerer Hitze auf den Herd setzen und flambieren. Wenn die Flammen erloschen sind, die restlichen Zutaten zufügen und bei mittlerer Hitze auf die Hälfte reduzieren.

4. Den Grill für direktes Grillen bei mittlerer bis starker Hitze vorbereiten.

5. Die Hähnchenteile gleichförmig auf vier Metallspieße stecken. Mit der Whisky-Glasur bestreichen.

6. Den Rost leicht mit Öl einfetten. Die Spieße darauflegen und die Flügel 10 Minuten von jeder Seite grillen. Dabei immer wieder mit Glasur bestreichen.

7. Die Hähnchenflügel sind gar, wenn das Fleisch sich leicht von den Knochen löst und der Fleischsaft klar ist. Die Hähnchenstücke von den Spießen streifen und sofort servieren.

BEREITEN SIE EINE GRÖSSERE
MENGE WHISKY-GLASUR ZU.
SIE HÄLT SICH EINEN MONAT IM
KÜHLSCHRANK UND KANN ALS
WÜRZMITTEL VERWENDET WERDEN.

Teilstücke vom Huhn

BÜRZEL
Besteht hauptsächlich aus Drüsen- und Fettgewebe und kann dem Geflügel einen tranigen Geschmack verleihen. Sollte daher vor der Zubereitung eines ganzen Hähnchens entfernt werden.

HALS
Sehr fleischarmes Stück, ergibt aber eine schmackhafte Brühe.

FLÜGEL
Teilstück mit dem höchsten Knochenanteil. Lässt sich sehr gut grillen oder in einer knusprigen Panade frittieren.

GABELBEIN
Beim Entbeinen eines Hähnchens muss das Gabelbein durch einen Schnitt durch die Halsöffnung herausgelöst werden.

FLÜGELSPITZEN
Können frittiert werden und ergeben eine schmackhafte Brühe.

OBERSCHENKEL/-KEULE
Saftiges, dunkles Fleisch, das mit oder ohne Knochen und Haut angeboten wird. Enthält mehr Fett als das Brustfleisch.

BRUST
Saftiges, mageres weißes Fleisch, das mit oder ohne Haut angeboten wird. Lässt sich sehr gut marinieren und grillen.

UNTERSCHENKEL/-KEULE
Dunkles Fleisch, das mariniert großartig schmeckt und mit den Fingern gegessen werden kann.

Teilstücke von der Pute

BÜRZEL
Gilt nur ganz wenigen als Delikatesse und wird in der Regel vor der Zubereitung entfernt.

FLÜGEL
Putenflügel sind weniger bekannt als Hähnchenflügel, können aber gebraten und geschmort werden.

FLÜGELSPITZEN
Werden oft abgetrennt. Können zur Zubereitung von Brühen verwendet werden.

HALS
Enthält weniges, dafür dunkles und aromatisches Fleisch, wird meist nur zur Brühenherstellung verwendet.

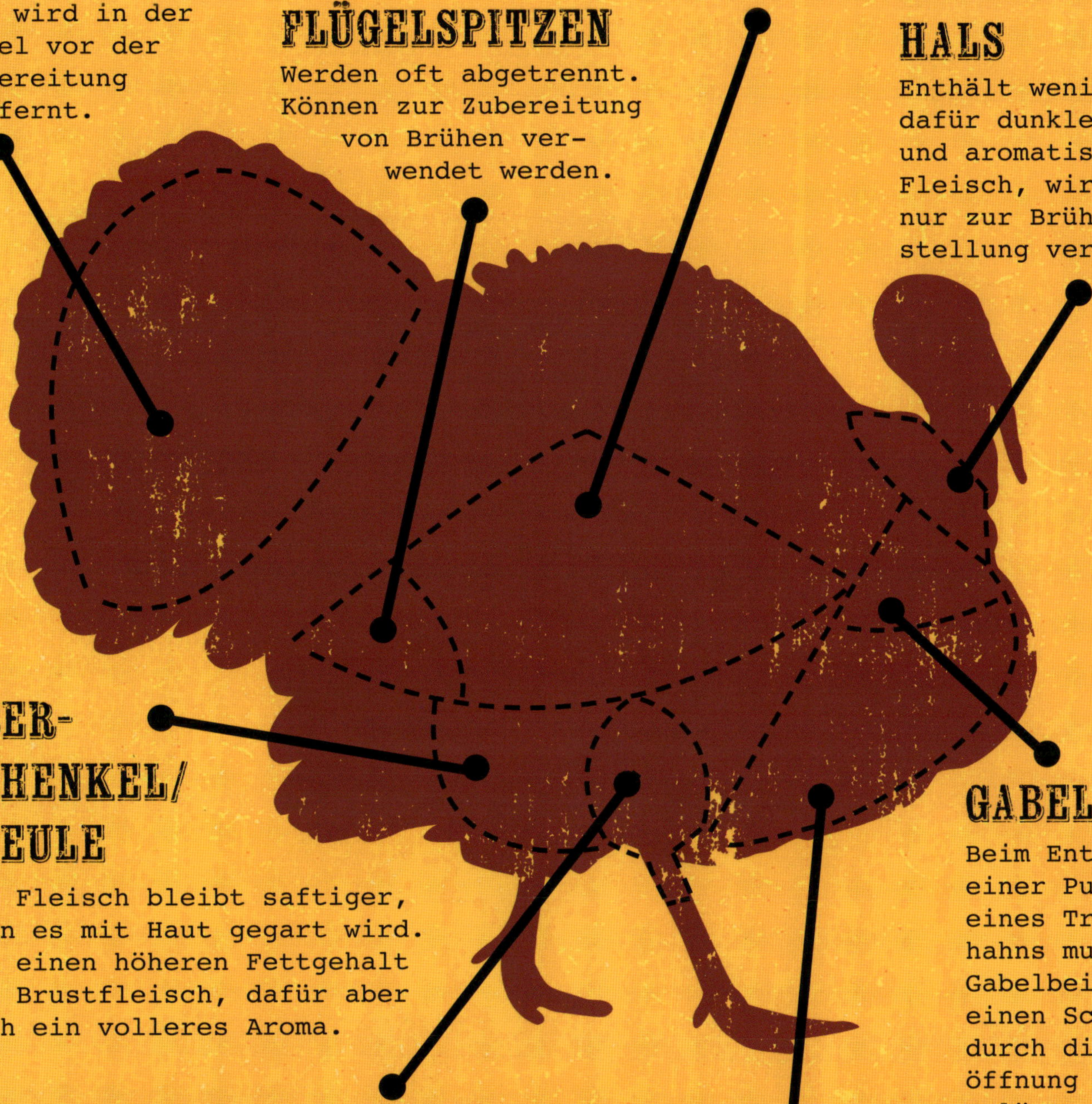

OBERSCHENKEL/-KEULE
Das Fleisch bleibt saftiger, wenn es mit Haut gegart wird. Hat einen höheren Fettgehalt als Brustfleisch, dafür aber auch ein volleres Aroma.

GABELBEIN
Beim Entbeinen einer Pute bzw. eines Truthahns muss das Gabelbein durch einen Schnitt durch die Halsöffnung herausgelöst werden.

UNTERSCHENKEL/-KEULE
Das Fleisch bleibt saftiger, wenn es mit Haut gegart wird. Hat einen höheren Fettgehalt als Brustfleisch, dafür aber auch ein volleres Aroma.

BRUST
Weißes, saftiges Fleisch, das als Bratenstück, Geschnetzeltes oder in Schnitzel geschnitten angeboten wird.

Bierdosen-Hähnchen

FÜR 4 PERSONEN

VORB.: 20 MIN. + MARINIEREN + RUHEN

1 STUNDE

ZUTATEN

1 mittleres ganzes Grillhähnchen

1 große Dose Bier

GEWÜRZMISCHUNG

2 EL Olivenöl

2 TL mildes geräuchertes Paprikapulver

1 EL brauner Zucker

1 TL Oregano

1 TL getrockneter Thymian

1 TL Knoblauchsalz

1 TL Zwiebelpulver

½ TL Cayennepfeffer

½ TL Salz

1 TL Pfeffer

1. Für die Gewürzmischung alle Zutaten in einer mittleren Schüssel vermengen. Das Hähnchen innen und außen damit einreiben. Abgedeckt mindestens ein paar Stunden im Kühlschrank ziehen lassen.

2. Das Hähnchen mindestens 1 Stunde vor dem Grillen wieder aus dem Kühlschrank nehmen, damit es Raumtemperatur hat.

3. Den Grill für indirektes Grillen bei mittlerer bis starker Hitze vorbereiten.

4. Die Bierdose öffnen, zur Hälfte leeren und, falls vorhanden, in einen Bierdosenständer zum Grillen stellen (siehe Tipp rechte Seite).

5. Das Hähnchen über die Bierdose stülpen.

6. Auf den Rost stellen und bei aufgesetztem Deckel 1 Stunde gar grillen. Zur Garprobe das Fleisch an der dicksten Stelle einstechen; der austretende Saft sollte klar und das Fleisch nicht mehr rosa sein.

7. Das Hähnchen von der Bierdose nehmen und vor dem Servieren in Alufolie eingeschlagen 15 Minuten an einem warmen Ort ruhen lassen.

WENN SIE KEINEN BIERDOSEN-STÄNDER HABEN, ACHTEN SIE BESONDERS DARAUF, DASS DIE BIERDOSE EINEN GUTEN STAND AUF DEM GRILLROST HAT.

Grillhähnchen mit Zitronenbutter

FÜR 4–6 PERSONEN

VORB.: 20 MIN.

30–40 MIN.

ZUTATEN

1 ganzes Grillhähnchen, etwa 1,6 kg

ZITRONENBUTTER

120 g weiche Butter

3 Knoblauchzehen, fein gehackt

1 EL frisch gehackter Oregano

1 TL Salz

½ TL Pfeffer

fein abgeriebene Schale und Saft von 1 Zitrone

1. Für die Zitronenbutter alle Zutaten in einer kleinen Schüssel mit einer Gabel vermengen und glatt rühren.

2. Den Grill für direktes Grillen bei mittlerer bis starker Hitze vorbereiten.

3. Das Hähnchen rechts und links der Wirbelsäule mit einer Geflügelschere aufschneiden. Die Wirbelsäule entsorgen. Das Brustbein herauslösen. Überschüssige Haut und Fett entfernen.

4. Die Haut an Brust und Schenkel vorsichtig mit den Fingern vom Fleisch lösen und 2–3 Esslöffel Zitronenbutter auf dem Fleisch verstreichen. Das Hähnchen außen mit 1 Esslöffel Zitronenbutter bestreichen.

5. Das Hähnchen aufgeklappt mit der Brustseite nach oben 10 Minuten grillen. Mit weiterer Zitronenbutter bestreichen, wenden und mit der Brust nach unten weitere 30–40 Minuten gar grillen, dabei alle 10 Minuten wenden und bestreichen. Zur Garprobe das Fleisch an der dicksten Stelle einstechen; der austretende Saft sollte klar und das Fleisch nicht mehr rosa sein.

6. Das Hähnchen tranchieren und sofort servieren.

DURCH DAS AUFKLAPPEN DES HÄHNCHENS GART DAS FLEISCH SCHNELLER UND GLEICHMÄSSIGER UND WIRD DESHALB NICHT SO SCHNELL TROCKEN.

BBQ-Chickenwings

FÜR 4 PERSONEN

VORB.: 20 MIN. + MARINIEREN

20 MIN.

ZUTATEN

1 kg Hähnchenflügel, Spitzen abgetrennt

Öl, zum Einfetten

BBQ-MARINADE

1 TL Paprikapulver

2 EL Olivenöl

2 EL Tomatenketchup

2 EL milder Senf

2 EL Ahornsirup

1 EL Worcestersauce

1. Für die Marinade alle Zutaten in einer großen Schüssel verrühren. Die Hähnchenflügel dazugeben und von Hand sorgfältig darin wenden.

2. Mit Frischhaltefolie abgedeckt mindestens 2 Stunden im Kühlschrank marinieren.

3. Die Hähnchenflügel mindestens 1 Stunde vor dem Grillen wieder aus dem Kühlschrank nehmen, damit sie Raumtemperatur haben.

4. Den Grill für direktes Grillen bei mittlerer bis starker Hitze vorbereiten.

5. Den Rost leicht mit Öl einfetten. Die Hähnchenflügel 10 Minuten von beiden Seiten grillen, bis sie schön gebräunt sind, der Fleischsaft klar ist und das Fleisch sich leicht vom Knochen lösen lässt. Sofort servieren.

DIE SPITZEN DER HÄHNCHENFLÜGEL KÖNNEN ZUR ZUBEREITUNG EINER SCHMACKHAFTEN BRÜHE VERWENDET WERDEN.

Hähnchenschenkel in Caesar-Marinade

FÜR 4 PERSONEN

VORB.: 20 MIN. + MARINIEREN

20 MIN.

ZUTATEN

1 kg Hähnchenober-schenkel, ohne Haut

Öl, zum Einfetten

CAESAR-MARINADE

4 eingesalzene Sardellenfilets, gehackt

2 Knoblauchzehen, zerdrückt

50 g Parmesan, fein gerieben

3 EL Mayonnaise

1 EL Worcestersauce

1 kleines Bund frischer Thymian, gehackt

Saft und fein abgeriebene Schale von 1 Zitrone

1 TL Salz

1 TL Pfeffer

1. Für die Marinade alle Zutaten in einer nicht metallenen Form verrühren und die Hähnchenteile sorgfältig darin wenden. Mit Frischhaltefolie abgedeckt mindestens 2 Stunden im Kühlschrank marinieren.

2. Das Fleisch mindestens 1 Stunde vor dem Grillen wieder aus dem Kühlschrank nehmen, damit es Raumtemperatur hat.

3. Den Grill für direktes Grillen bei mittlerer bis starker Hitze vorbereiten.

4. Den Rost leicht mit Öl einfetten. Die Hähnchenteile darauflegen und 10 Minuten von beiden Seiten gar grillen. Zur Garprobe das Fleisch an der dicksten Stelle einstechen; der austretende Saft sollte klar und das Fleisch nicht mehr rosa sein. In Scheiben schneiden und sofort servieren.

DIE MARINADE IST INSPIRIERT VOM DRESSING DES BERÜHMTEN CAESAR'S SALAD.

Hähnchenschlegel mit Saté-Glasur

FÜR 4 PERSONEN

VORB.: 20 MIN. + MARINIEREN

25 MIN.

ZUTATEN

1 kg Hähnchen-unterschenkel

SOJAMARINADE

2 EL helle Sojasauce

2 EL brauner Zucker

1 TL Kurkuma

1 EL Sesamöl

1 EL Pflanzenöl

SATÉ-GLASUR

150 ml Kokoscreme

2 EL Erdnussbutter

1 EL Sriracha-Sauce (scharfe Chilisauce; im Asia-Laden)

2 EL brauner Zucker

1 TL Fischsauce

1. Für die Marinade alle Zutaten in einer nicht metallenen Form verrühren. Die Schenkel sorgfältig darin wenden. Mit Frischhaltefolie abdecken und mindestens 2 Stunden im Kühlschrank marinieren.

2. Die Schenkel mindestens 1 Stunde vor dem Grillen wieder aus dem Kühlschrank nehmen, damit sie Raumtemperatur haben.

3. Für die Glasur alle Zutaten in einen kleinen Topf geben und mit einem Holzlöffel glatt rühren, dann 5 Minuten erhitzen, bis die Glasur eine leicht sirupartige Konsistenz hat.

4. Den Grill für direktes Grillen bei mittlerer Hitze vorbereiten.

5. Die Hähnchenschenkel auf den Rost legen und 20 Minuten unter gelegentlichem Wenden und Bestreichen mit der Glasur gar grillen.

6. Zur Garprobe das Fleisch an der dicksten Stelle einstechen; der austretende Saft sollte klar und das Fleisch nicht mehr rosa sein. Ein letztes Mal glasieren und sofort servieren.

ÜBRIG GEBLIEBENE GLASUR KÖNNEN SIE FÜR EINEN NUDELSALAT MIT GARNELEN, HÄHNCHENFLEISCH UND BASILIKUM VERWENDEN.

Hähnchen
mit Chili-Cola-Sauce

FÜR 4 PERSONEN

VORB.: 20 MIN. + MARINIEREN

45 MIN.

ZUTATEN

4 Hähnchensupremes mit Haut

PAPRIKAMARINADE

4 EL Olivenöl

1 TL getrockneter Thymian

1 EL Paprikapulver

1 EL brauner Zucker

1 EL gemahlener Kreuzkümmel

1 TL Salz

1 TL Pfeffer

CHILI-COLA-SAUCE

2 getrocknete Ancho-Chilis, grob gehackt

1 TL getrockneter Oregano

330 ml Cola

150 g Zuckerrübensirup

einige Tropfen Vanillearoma

400 g Tomaten aus der Dose

150 ml Apfelessig

1. Für die Marinade alle Zutaten in einer großen nicht metallenen Form verrühren. Die Hähnchenteile sorgfältig darin wenden. Mit Frischhaltefolie abgedeckt mindestens 2 Stunden im Kühlschrank marinieren.

2. Die Hähnchenteile mindestens 1 Stunde vor dem Grillen wieder aus dem Kühlschrank nehmen, damit sie Raumtemperatur haben.

3. Für die Sauce alle Zutaten in einem mittleren Topf verrühren und bei kleiner Hitze 30 Minuten unter gelegentlichem Rühren auf die Hälfte reduzieren.

4. Die Sauce vom Herd nehmen und etwas abkühlen lassen. Mit einem Stabmixer glatt pürieren.

5. Den Grill für direktes Grillen bei mittlerer bis starker Hitze vorbereiten.

6. Die Hähnchensupremes mit der Hautseite nach unten auf den Rost legen und von jeder Seite 6 Minuten gar grillen. Zur Garprobe das Fleisch an der dicksten Stelle einstechen; der austretende Saft sollte klar und das Fleisch nicht mehr rosa sein. Die Hähnchensupremes einige Minuten an einem warmen Ort ruhen lassen, dann mit der Sauce servieren.

WENN SIE ES BESONDERS FEURIG MÖGEN, GEBEN SIE NOCH EIN PAAR HABANERO-CHILIS IN DIE SAUCE.

Buttermilchhähnchen

FÜR 4 PERSONEN

VORB.: 20 MIN.
+ MARINIEREN
+ RUHEN

25 MIN.

ZUTATEN

2 kleine Grillhähnchen

BUTTERMILCHMARINADE

300 ml Buttermilch

2 EL Olivenöl

2 TL Paprikapulver

1 TL Knoblauchsalz

1 TL Selleriesalz

1 TL Zwiebelpulver

1 TL getrockneter Oregano

1 TL Chiliflocken

1 TL Pfeffer

1. Die Hähnchen entlang der Wirbelsäule aufschneiden und das Brustbein herauslösen. Das Fleisch mehrmals einstechen, damit es schneller gart.

2. Für die Marinade alle Zutaten in einer großen Schüssel verrühren. Die Hähnchenhälften sorgfältig darin wenden. Mit Frischhaltefolie abgedeckt 2 Stunden im Kühlschrank marinieren.

3. Die Hähnchenhälften mindestens 1 Stunde vor dem Grillen wieder aus dem Kühlschrank nehmen, damit sie Raumtemperatur haben.

4. Den Grill für direktes Grillen bei mittlerer bis starker Hitze vorbereiten.

5. Die Hähnchenhälften mit der Hautseite nach oben auf den Rost legen und 15 Minuten bei aufgesetztem Deckel garen. Die Hähnchen wenden und weitere 10 Minuten gar grillen. Zur Garprobe das Fleisch an der dicksten Stelle einstechen; der austretende Saft sollte klar und das Fleisch nicht mehr rosa sein. Die Hähnchenhälften vor dem Servieren 5 Minuten an einem warmen Ort ruhen lassen.

DIE MARINIERTEN HÄHNCHENTEILE KÖNNEN AUCH IN GEWÜRZTEM MEHL GEWENDET UND 15 MINUTEN FRITTIERT WERDEN.

Grillhähnchen jamaikanische Art

FÜR 4 PERSONEN

VORB.: 20 MIN. + MARINIEREN + RUHEN

1 STUNDE

ZUTATEN

1 mittleres ganzes Grillhähnchen

Limettenspalten und scharfe Chilisauce, zum Servieren

MARINADE

2 TL Pimentkörner

1 TL Lebkuchengewürz

3 Gewürznelken

4 Frühlingszwiebeln

1 Knoblauchzehe

1 kleines Bund frischer Thymian

1 Scotch-Bonnet-Chili

1 kleines Bund Koriander

2 EL Apfelessig

Saft von 1 Limette

fein abgeriebene Schale und Saft von 1 Clementine

3 EL Honig

1 TL Salz

1 TL Pfeffer

1. Für die Marinade alle Zutaten im Mixer glatt pürieren.

2. Das Hähnchen in eine große Schüssel geben. Die Marinade darübergeben und von Hand innen und außen in das Hähnchen reiben. Mit Frischhaltefolie abgedeckt 2 Stunden im Kühlschrank marinieren.

3. Das Hähnchen mindestens 1 Stunde vor dem Grillen wieder aus dem Kühlschrank nehmen, damit es Raumtemperatur hat. In eine tiefe Bratform heben und etwas Wasser zugießen.

4. Den Grill für indirektes Grillen bei mittlerer Hitze vorbereiten.

5. Die Form auf die Rostmitte stellen und das Hähnchen bei aufgesetztem Deckel 1 Stunde gar grillen. Zur Garprobe das Fleisch an der dicksten Stelle einstechen; der austretende Saft sollte klar und das Fleisch nicht mehr rosa sein.

6. Das Hähnchen 5 Minuten an einem warmen Ort ruhen lassen, dann sofort mit Limettenspalten und Chilisauce servieren.

DIESE MARINADE IST AUCH SEHR GUT FÜR FESTFLEISCHIGEN FISCH WIE SCHNAPPER, WOLFSBARSCH ODER LACHS GEEIGNET.

Gesmokte Putenbrust
mit Honig & Orange

FÜR 4 PERSONEN

VORB.: 30 MIN. + EINLEGEN + RUHEN

6 STUNDEN

ZUTATEN

3 kg Putenbrust mit Haut

LAKE

2,5 l Wasser

500 g grobes Meersalz

250 g Honig

fein abgeriebene Schale und Saft von 3 Orangen

10 Gewürznelken

20 Pfefferkörner

1 kleines Bund frischer Thymian, gehackt

3 Zimtstangen

2,5 l Cranberrysaft

1. Für die Lake 575 ml Wasser in einen großen Topf füllen. Salz, Honig, Orangenschale und -saft, Nelken, Pfeffer, Thymian und Zimtstangen zufügen und kochen, bis sich das Salz vollständig aufgelöst hat. Den Topf vom Herd nehmen, restliches Wasser und Cranberrysaft zugießen. Vollständig erkalten lassen.

2. Die Putenbrust in eine große nicht metallene Schüssel legen und die Lake dazugießen. Die Putenbrust mit einem Teller oder Ähnlichem beschweren, damit sie untergetaucht bleibt. Abgedeckt über Nacht im Kühlschrank ziehen lassen.

3. Die Putenbrust mindestens 1 Stunde vor dem Smoken wieder aus dem Kühlschrank nehmen, damit sie Raumtemperatur hat.

4. Den Grill zum Smoken bei niedriger Hitze vorbereiten.

5. Die Putenbrust mit der Hautseite nach oben auf den Rost legen und bei aufgesetztem Deckel 6 Stunden smoken. Zur Garprobe das Fleisch an der dicksten Stelle einstechen; der austretende Saft sollte klar und das Fleisch nicht mehr rosa sein. Mit Alufolie abdecken und 30 Minuten an einem warmen Ort ruhen lassen. Tranchieren und servieren.

DIESE GERÄUCHERTE PUTENBRUST SCHMECKT SOLO, IST ABER AUCH EINE LECKERE ZUTAT FÜR EIN SANDWICH ODER EINEN SALAT.

Putenschenkel
mit mexikanischer Gewürzmischung

FÜR 4 PERSONEN

VORB.: 20 MIN. + MARINIEREN + RUHEN

40 MIN.

ZUTATEN

4 Putenschenkel à 500 g

MEXIKANISCHE GEWÜRZMISCHUNG

2 EL brauner Zucker

2 EL Olivenöl

fein abgeriebene Schale und Saft von 1 Orange

1 EL Salz

1 EL Paprikapulver

1 TL Pfeffer

1 TL Knoblauchsalz

1 EL Chipotle-Paste

1 EL gemahlener Kreuzkümmel

1 TL getrockneter Oregano

1 TL getrockneter Thymian

1. Für die Gewürzmischung alle Zutaten in einer großen Schüssel verrühren. Die Putenschenkel sorgfältig darin wenden.

2. Mit Frischhaltefolie abgedeckt mindestens 2 Stunden im Kühlschrank ziehen lassen. Die Putenschenkel mindestens 1 Stunde vor dem Grillen wieder aus dem Kühlschrank nehmen, damit sie Raumtemperatur haben.

3. Den Grill für indirektes Grillen bei mittlerer Hitze vorbereiten.

4. Die Putenschenkel auf den Rost legen und 40 Minuten bei aufgesetztem Deckel gar grillen. Zur Garprobe das Fleisch an der dicksten Stelle einstechen; der austretende Saft sollte klar und das Fleisch nicht mehr rosa sein.

5. Vor dem Servieren mit Alufolie abdecken und an einem warmen Ort einige Minuten ruhen lassen.

FEUCHTE MARINADEN HALTEN SICH IN EINEM SCHRAUBGLAS RUND 2 WOCHEN IM KÜHLSCHRANK.

Teriyaki-Hähnchenspieße

FÜR 4 PERSONEN

VORB.: 20 MIN. + MARINIEREN

20 MIN.

ZUTATEN

500 g Hähnchenoberschenkel ohne Haut und Knochen

2 EL helle Sojasauce

1 EL Sesamöl

1 EL Pflanzenöl, plus etwas mehr zum Einfetten

1 Bund Frühlingszwiebeln, in 5-cm-Stücken

TERIYAKI-SAUCE

2 EL helle Sojasauce

2 EL Mirin

1 EL Reisessig

2,5-cm-Stück Ingwerwurzel, in Scheiben

50 g Zucker

1. Das Hähnchenfleisch in mundgerechte Stücke schneiden und in eine nicht metallene Form geben. Sojasauce und beide Öle zugeben und alles sorgfältig vermengen.

2. Mit Frischhaltefolie abgedeckt mindestens 2 Stunden im Kühlschrank marinieren. Das Fleisch mindestens 1 Stunde vor dem Grillen wieder aus dem Kühlschrank nehmen, damit es Raumtemperatur hat.

3. Für die Teriyaki-Sauce alle Zutaten in einen kleinen Topf geben und bei mittlerer Hitze sirupartig auf die Hälfte einkochen. Den Topf vom Herd nehmen und den Ingwer entfernen.

4. Den Grill für direktes Grillen bei mittlerer bis starker Hitze vorbereiten.

5. Das Fleisch abwechselnd mit den Frühlingszwiebeln auf vier Metallspieße stecken.

6. Den Rost leicht mit Öl einfetten. Die Spieße darauflegen und 5 Minuten von jeder Seite gar grillen. Dabei mit der Teriyaki-Sauce bestreichen.

7. Zur Garprobe das Fleisch an der dicksten Stelle einstechen; der austretende Saft sollte klar und das Fleisch nicht mehr rosa sein. Vor dem Servieren ein letztes Mal mit der Teriyaki-Sauce bestreichen.

WASCHEN SIE DIE FRÜHLINGS-
ZWIEBELN SORGFÄLTIG, BEVOR
SIE SIE ZUBEREITEN.

Wenn's schiefläuft

Fünf häufige Grillfehler und was man dagegen tun kann

Bei einem echten Profigriller sieht alles ganz einfach aus. Aber es gibt ein paar Dinge, die auch einem Grillguru die Laune verderben können. Hier sind die fünf häufigsten Fehler und ein paar Tipps, was man dagegen tun kann.

1. Grill nicht gereinigt: Man kann es nicht anders formulieren: Ein schmutziger Grill ist ekelhaft. Ihre Gäste wollen nicht die Reste des letzten Grillfests mitessen. Die Lösung? Reinigen Sie Ihren Grill nach jeder Verwendung. Zum Lösen von Fett und Verkrustungen gibt es spezielle robuste Drahtbürsten. Alternativ können Sie zusammengeknüllte Alufolie verwenden.

2. Das Grillgut schmeckt nach Grillanzünder: Anzündmittel, ob flüssig oder würfelförmig, sind recht hilfreich zum Anfeuern. Das Problem ist, dass dabei häufig Fehlaromen im Grillgut entstehen können, das Sie so sorgfältig vorbereitet haben. Die Lösung ist überraschend simpel: Anzündmittel weglassen. Verwenden Sie stattdessen einen Anzündkamin, ein zylinderförmiges Gerät, in dem die Kohlen ohne Hilfsmittel schnell zum Glühen gebracht werden (siehe Seite 14), oder grillen Sie auf einem Gasgrill statt über Holzkohlen.

3. Grillgut zu früh auf dem Rost: Wenn der Grill nicht richtig vorbereitet wird, das heißt, sich noch keine heiße Glut entwickelt hat, besteht die Gefahr, dass das Grillgut über den Flammen verbrennt, bevor es in der Mitte durchgegart ist. Ein Gasgrill sollte immer 10 Minuten vorgeheizt werden. Bei einem Holzkohlegrill dauert es 30–40 Minuten, bis sich eine ordentliche Glut entwickelt hat.

4. Grillgut ist nicht durchgegart bzw. braucht viel länger als angegeben: Nicht richtig gegartes Essen ist nicht nur unerfreulich, es kann sogar ein echtes Desaster werden, wenn einer Ihrer Gäste krank davon wird. Stellen Sie also immer sicher, dass die Speisen bei der entsprechenden Hitze gegart werden.

5. Beim Grillen aufs Fleisch drücken: Wir wissen, wie verführerisch es ist, das Grillgut, vor allem Burger, mit der Grillzange auf den Rost zu drücken, sodass es zischt, wenn Fleischsaft und Fett auf die heißen Kohlen tropfen. Das ist aber ein großes Vergehen! Und es erschließt sich auch ziemlich schnell, warum: Soll das Grillgut saftig bleiben, sollte man den Saft nicht ausdrücken! Grillen Sie Fleisch, Würstchen und Co. so lange, bis die Unterseite schöne Grillmarken hat und gut gebräunt ist. Erst dann sollte es gewendet und fertig gegart werden.

Hähnchenburger
mit gegrillter Ananas

FÜR 4 PERSONEN

VORB.: 20 MIN.

25 MIN.

ZUTATEN

8 dünne Scheiben Speck

4 Hähnchenbrustfilets

Öl, zum Einfetten

1 kleiner Romanasalat, in Streifen

4 Burgerbrötchen

GEGRILLTE ANANAS

½ mittlere Ananas

1 EL Demerara-Zucker

1 TL Pfeffer

RUSSISCHES DRESSING

3 EL Mayonnaise

1 EL Tomatenketchup

1 EL Meerrettich

2 TL scharfe Pfeffersauce

1 EL Worcestersauce

1 Schalotte, gerieben

1. Je 2 Speckscheiben nebeneinander auf ein Schneidebrett legen, eine Hähnchenbrust darauflegen und einwickeln.

2. Für die Ananas die Frucht schälen und in vier dicke Ringe schneiden. Den harten Strunk aus der Mitte herauslösen und die Ananasscheiben von beiden Seiten mit Zucker und Pfeffer bestreuen.

3. Den Grill für direktes Grillen bei mittlerer bis starker Hitze vorbereiten.

4. Für das Dressing alle Zutaten in einer Schüssel glatt rühren.

5. Den Rost leicht mit Öl einfetten. Die Hähnchenbrustfilets darauflegen und 10 Minuten von jeder Seite gar grillen. Zur Garprobe das Fleisch an der dicksten Stelle einstechen; der austretende Saft sollte klar und das Fleisch nicht mehr rosa sein. Vom Grill nehmen und 4 Minuten an einem warmen Ort ruhen lassen.

6. Inzwischen die Ananasscheiben 2 Minuten von jeder Seite grillen, bis sie karamellisiert sind.

7. Die Brötchen mit Hähnchen, Ananas, Salat und Dressing füllen. Sofort servieren.

DIESER BURGER IST FANTASTISCH: WÜRZIGES HÄHNCHENFLEISCH, FRUCHTIGE ANANAS UND PIKANTES DRESSING IN EINEM WEICHEN BRÖTCHEN.

Putenspieße
mit Avocadosalsa

FÜR 4 PERSONEN

VORB.: 20 MIN + MARINIEREN

5 MIN

ZUTATEN

4 Putensteaks (500 g insgesamt)

Olivenöl, zum Einfetten

warme Tortillas, zum Servieren

MARINADE

Saft von 1 Orange

Saft von 2 Limetten

2 Knoblauchzehen, zerdrückt

1 TL Paprikapulver

½ TL Salz

½ TL Chilipulver

½ TL Kreuzkümmelsamen, zerstoßen

¼ TL Pfeffer

4 EL Olivenöl

AVOCADOSALSA

2 Avocados, klein gewürfelt

Saft von 1 Limette

1 kleine rote Zwiebel, klein gewürfelt

1 EL frisch gehackter Koriander

Salz

1. Die Putensteaks waagerecht halbieren, sodass 8 dünne Scheiben entstehen. Zwischen zwei Stücken Frischhaltefolie auf 1 cm Dicke plattieren. In etwa 4 cm breite und 6 cm lange Streifen schneiden. Nebeneinander in eine flache Form legen.

2. Für die Marinade alle Zutaten in einer Schale verrühren und über die Fleischstreifen gießen. Mit Frischhaltefolie abgedeckt mindestens 4 Stunden oder über Nacht im Kühlschrank marinieren. Das Fleisch mindestens 1 Stunde vor dem Grillen wieder aus dem Kühlschrank nehmen, damit es Raumtemperatur hat.

3. Den Grill für direktes Grillen bei starker Hitze vorbereiten.

4. Für die Salsa alle Zutaten in einer Schale vorsichtig vermengen und bei Raumtemperatur ziehen lassen, damit sich die Aromen entwickeln.

5. Die Putenstreifen aus der Marinade nehmen und leicht mit Öl einfetten. In Wellenform auf Metallspieße stecken. Den Rost mit Öl einfetten. Die Spieße darauflegen und 2–2½ Minuten von jeder Seite gar grillen. Zur Garprobe das Fleisch an der dicksten Stelle einstechen; der austretende Saft sollte klar und das Fleisch nicht mehr rosa sein.

6. Das Fleisch von den Spießen streifen und sofort mit der Avocadosalsa und Tortillas servieren.

DIE AVOCADOSALSA MIT FEINEM LIMETTENAROMA IST EINE TOLLE GESCHMACKLICHE ERGÄNZUNG ZU DEN PUTENSPIESSEN.

Kapitel 5

FISCH & MEERESFRÜCHTE

Gegrillte Garnelen
in Ahorn-Chili-Butter

FÜR 4 PERSONEN

VORB.: 15 MIN.

10–15 MIN.

ZUTATEN

1 kg ganze große Garnelen

AHORN-CHILI-BUTTER

150 g Butter

2 EL Ahornsirup

2 EL Sriracha-Sauce (scharfe Chilisauce; im Asia-Laden)

1 EL Apfelessig

½ TL Salz

½ TL Pfeffer

1. Den Grill für direktes Grillen bei starker Hitze vorbereiten.

2. Die Garnelen gleichförmig auf vier Metallspieße stecken.

3. Die Butter in einem kleinen Topf bei niedriger Hitze zerlassen. Ahornsirup, Chilisauce, Essig, Salz und Pfeffer unterrühren. Den Topf von der Hitze nehmen und warm halten.

4. Die Spieße auf den Rost legen und 3 Minuten von jeder Seite gar grillen, bis die Schalen dunkelrosa sind.

5. Die Garnelen von den Spießen streifen. In eine mittlere Schüssel geben und die Butter darübergießen. Sorgfältig vermengen und sofort servieren.

FALLS SIE HOLZSPIESSE VERWENDEN, WEICHEN SIE DIESE ERST IN WASSER EIN, DAMIT SIE AUF DEM GRILL NICHT VERBRENNEN.

Lachssteaks mit Mojo verde

FÜR 4 PERSONEN

VORB.: 20 MIN.

8 MIN.

ZUTATEN

1 EL Kreuzkümmelsamen

1 TL Koriandersamen

4 Lachssteaks mit Haut (à 175 g)

Olivenöl, zum Einfetten

Salz und Pfeffer

MOJO VERDE

2 kleine Knoblauchzehen

1 großes Bund Koriander, dicke Stängel entfernt

1 großes Bund glatte Petersilie, dicke Stängel entfernt

3 Frühlingszwiebeln, nur weißer und hellgrüner Teil

1–2 Bird's-Eye- oder Jalapeño-Chilis, entkernt

125 ml Olivenöl

Saft von 1 Zitrone

1 TL Salz

1. Für die Mojo verde den Knoblauch in einem Mixer zerkleinern. Koriander, Petersilie, Frühlingszwiebeln und Chilis zugeben und grob mixen. Öl, Zitronensaft und Salz zufügen und alles zu einer groben Paste verarbeiten.

2. Den Grill für direktes Grillen bei starker Hitze vorbereiten.

3. Kreuzkümmel- und Koriandersamen in einer elektrischen Gewürzmühle oder einem Mörser grob mahlen. Die Lachssteaks von beiden Seiten mit Öl einfetten. Salzen und pfeffern und in den Gewürzen wenden.

4. Die Lachssteaks mit der Hautseite nach unten auf den Rost legen und bei aufgesetztem Deckel von jeder Seite 4 Minuten grillen, bis der Fisch glasig ist und sich leicht mit einer Gabel lösen lässt. Sofort mit der Mojo verde servieren.

GEGRILLTER LACHS IST EINE LECKERE ALTERNATIVE ZU STEAKS UND WÜRSTCHEN, UND DIE GEWÜRZMISCHUNG PASST PERFEKT ZUM LACHSAROMA.

Jakobsmuscheln
mit warmer Sojasauce

FÜR 2 PERSONEN

VORB.: 20 MIN.

15 MIN.

ZUTATEN

12 große frische Jakobsmuscheln, küchenfertig, ohne Rogen

1 TL Salz

1 TL Pfeffer

Öl, zum Einfetten

SCHARFE SOJASAUCE

1 EL Öl

1 EL Sesamöl

1 Knoblauchzehe, gehackt

2 EL Reiswein

2 EL helle Sojasauce

1 EL Zucker

1 EL Austernsauce

2,5-cm-Stück Ingwerwurzel, in feinen Stiften

4 Frühlingszwiebeln, in Ringen

1 roter Bird's-Eye-Chili, in Ringen

1. Für die Sauce beide Öle in einem Topf erhitzen. Den Knoblauch darin bei mittlerer Hitze 30 Sekunden andünsten. Reiswein, Sojasauce, Zucker und Austernsauce zugeben. Auf die Hälfte einkochen, dann Ingwer, Frühlingszwiebeln und Chili zugeben. Den Topf vom Herd nehmen.

2. Den Grill für direktes Grillen bei starker Hitze vorbereiten.

3. Die Jakobsmuscheln auf vier Metallspieße stecken und mit Salz und Pfeffer würzen.

4. Den Rost leicht mit Öl einfetten. Die Spieße darauflegen und 30 Sekunden von jeder Seite grillen, bis die Jakobsmuscheln außen braun, innen aber noch cremig weiß sind.

5. Die Jakobsmuscheln von den Spießen streifen und sofort mit der scharfen Sojasauce servieren.

WÄHLEN SIE MÖGLICHST JAKOBS-MUSCHELN AUS NACHHALTIGEM FANG, WEIL DABEI WENIGER BEIFANG ENTSTEHT UND DIE METHODE UMWELTFREUNDLICHER IST.

Tacos mit Grillforellen

FÜR 2 PERSONEN

VORB.: 20 MIN.

12 MIN.

ZUTATEN

1 kleine rote Zwiebel, in Ringen

1 roter Jalapeño-Chili, in Ringen

2 EL Rotweinessig

½ TL Salz

2 ganze Forellen (à 375–400 g), küchenfertig

2 EL Olivenöl

1 TL getrockneter Oregano

1 TL Kreuzkümmelsamen

1 TL Paprikapulver

½ TL Salz

½ TL Pfeffer

6 weiche Tacos oder kleine Tortillas

FÜLLUNG

1 weiche Avocado, gehackt

Saft von ½ Limette

2 EL saure Sahne

50 g gereifter salziger Ricotta oder ein anderer würziger Hartkäse, gerieben

1 kleines Bund frischer Koriander, fein gehackt

Limettenspalten, zum Servieren

1. Zwiebel, Chili, Essig und Salz in einer Schale mischen und ziehen lassen.

2. Die Forellen auf beiden Seiten mehrmals einschneiden. Dadurch wird der Garprozess beschleunigt.

3. In einer großen nicht metallenen Form Öl, Oregano, Kreuzkümmel, Paprika, Salz und Pfeffer verrühren. Die Forellen sorgfältig darin wenden.

4. Für die Füllung die Avocado in eine kleine Schüssel geben. Mit dem Limettensaft beträufeln und beiseitestellen.

5. Den Grill für direktes Grillen bei mittlerer bis starker Hitze vorbereiten.

6. Die Forellen auf den Rost legen und von jeder Seite 5 Minuten grillen, bis sich das Fleisch leicht von der Mittelgräte lösen lässt.

7. Die Forellen etwas abkühlen lassen, dann das Fleisch von den Gräten lösen.

8. Die Tacos einige Sekunden von jeder Seite erwärmen, bis sie biegsam sind. Auf zwei Teller legen und mit Forelle, saurer Sahne, Avocado, Ricotta und der Zwiebelmischung belegen. Mit Koriander bestreuen und sofort mit den Limettenspalten servieren.

ALTERNATIV KÖNNEN SIE GEGRILLTEN LACHS ODER WOLFSBARSCH VERWENDEN. DIE GARZEIT MUSS LEICHT ANGEPASST WERDEN.

Gepfefferter Thunfisch mit Sardellenmayonnaise

FÜR 4 PERSONEN

VORB.: 25 MIN.

2 MIN.

ZUTATEN

4 EL Olivenöl

1 TL Salz

1 TL Pfeffer

4 Thunfischsteaks (à 250 g)

Zitronenspalten, zum Servieren

SARDELLENMAYONNAISE

1 Eigelb

4 Sardellenfilets

1 Knoblauchzehe, zerdrückt

2 TL Dijon-Senf

200 ml Rapsöl

1 EL Weißweinessig

Salz und Pfeffer

1. Für die Mayonnaise das Eigelb mit einem Spritzer Wasser, Sardellenfilets, Knoblauch und Senf in den Mixer geben und 30 Sekunden mixen, bis sich das Volumen verdoppelt hat. Bei laufendem Motor das Öl in einem dünnen Strahl zugießen. Wenn die Mayonnaise eingedickt ist, mit Salz, Pfeffer und Essig abschmecken. Die Mayonnaise in eine Servierschale füllen.

2. Den Grill für direktes Grillen bei starker Hitze vorbereiten.

3. Olivenöl, Salz und Pfeffer in einer nicht metallenen großen Form verrühren. Die Thunfischsteaks sorgfältig darin wenden.

4. Die Thunfischsteaks auf den Rost legen und 1 Minute von jeder Seite grillen (rare) oder länger, bis die gewünschte Garstufe erreicht ist. Sofort mit der Mayonnaise und Zitronenspalten servieren.

SELBST ZUBEREITETE MAYONNAISE SCHMECKT NATÜRLICH AM BESTEN. WENN SIE ABER IN ZEITNOT SIND, TUT'S AUCH GEKAUFTE.

Tintenfisch mit Maissalsa

FÜR 4 PERSONEN

VORB.: 15 MIN. + MARINIEREN

12 MIN.

ZUTATEN

4 große Kalmarmäntel (à 250 g), küchenfertig

KORIANDER-MARINADE

4 EL Olivenöl

1 TL Salz

1 TL Pfeffer

1 EL Paprikapulver

1 EL Kreuzkümmel

Saft von 1 Zitrone

½ rote Zwiebel, gehackt

1 grüner Jalapeño-Chili, gehackt

1 kleines Bund Koriander, gehackt

MAISSALSA

2 Zuckermaiskolben

1 große Tomate, klein gewürfelt

1 kleine rote Zwiebel, fein gehackt

1 kleines Bund Koriander, gehackt

1 TL Chiliflocken

2 EL natives Olivenöl extra

1 EL Rotweinessig

1 TL Salz

1 TL Pfeffer

1. Für die Marinade alle Zutaten in einer großen, nicht metallenen Schüssel verrühren. Den Tintenfisch darin sorgfältig wenden und 20 Minuten marinieren.

2. Den Grill für direktes Grillen bei starker Hitze vorbereiten.

3. Für die Salsa die Maiskolben auf den Rost legen und rundum grillen, bis die Körner stellenweise sehr dunkel sind. Abkühlen lassen. Den Grill weiter anheizen.

4. Die Körner von den Maiskolben schneiden und mit allen anderen Salsazutaten in eine mittlere Schüssel geben. Sorgfältig vermengen und ziehen lassen.

5. Inzwischen die Tintenfische (und Tentakel, falls vorhanden) auf den Rost legen und 3 Minuten von jeder Seite gar grillen.

6. Die Tintenfischmäntel in Ringe schneiden und sofort mit der Salsa servieren.

DER TINTENFISCH SOLLTE NICHT ZU LANGE GAREN, SONST WIRD ER ZÄH.

Gegrillter Hummer
mit Nam-Jim-Sauce

FÜR 2 PERSONEN

VORB.: 25 MIN. + KÜHLEN

20 MIN.

ZUTATEN

2 ganze lebende Hummer (à 675 g)

50 g gesalzene Butter, zerlassen

1 TL Pfeffer

NAM-JIM-SAUCE

1 kleines Bund Koriander

10 grüne Bird's-Eye-Chilis

½ TL Salz

50 g Palmzucker

Saft von 4 Limetten

1. Die Hummer 2 Stunden vor der Zubereitung ins Gefrierfach geben. Einen großen Topf Salzwasser zum Kochen bringen, die Hummer kopfüber hineingeben und 5 Minuten kochen. Dann 10 Minuten in Eiswasser abschrecken.

2. Die Hummer längs halbieren. Magensack herauslösen und Kopf abtrennen. Falls vorhanden, den schwarzen Darmfaden und Rogen hinter dem Kopfteil entfernen. Die Scheren aufbrechen; dadurch werden sie beim Grillen heißer.

3. Den Grill für direktes Grillen bei mittlerer bis starker Hitze vorbereiten.

4. Für die Nam-Jim-Sauce Koriander, Chilis und Salz 30 Sekunden pürieren. Die Masse von der Behälterwand nach unten schaben. Bei laufendem Motor Palmzucker und Limettensaft zugeben und glatt mixen. In eine Schale füllen.

5. Die Schnittseite der Hummer mit der zerlassenen Butter bestreichen und pfeffern. Die Hummer mit der Schnittseite nach unten auf den Rost legen und 5 Minuten grillen. Wenden und weitere 5 Minuten grillen und mit der Butter bestreichen. Sofort mit der Sauce servieren.

DURCH DAS VORHERIGE BLANCHIEREN DER HUMMER WIRD DIE GARZEIT AUF DEM GRILL VERKÜRZT UND DAS FLEISCH BLEIBT SAFTIG.

Venusmuscheln mit Räucherspeck

FÜR 2 PERSONEN

VORB.: 15 MIN. + WÄSSERN

15 MIN.

ZUTATEN

1 kg frische Venusmuscheln, geputzt

RÄUCHERSPECKBUTTER

200 g Butter

2 Schalotten, fein gehackt

2 Knoblauchzehen, fein gehackt

100 g Räucherspeck, in Streifen

Saft von 1 Zitrone

1 kleines Bund glatte Petersilie, gehackt

1. Die Muscheln mindestens 1 Stunde vor der Zubereitung wässern. Gut abtropfen lassen. Muscheln mit beschädigter Schale und Exemplare, die sich beim Draufklopfen nicht schließen, aussortieren.

2. Den Grill für direktes Grillen bei starker Hitze vorbereiten.

3. Die Butter in einer großen Pfanne bei mittlerer Hitze zerlassen. Schalotten, Knoblauch und Räucherspeck darin 8–10 Minuten braun anbraten. Die Pfanne vom Herd nehmen. Zitrone und Petersilie untermischen. Warm halten.

4. Die Muscheln auf den Rost geben und 4–5 Minuten grillen, bis sie sich geöffnet haben. Geschlossene Muscheln aussortieren.

5. Die Muscheln mit der Speckbutter mischen und sofort servieren.

WENN SIE ES GERNE PIKANT MÖGEN, GEBEN SIE EINEN ESSLÖFFEL CURRYPULVER IN DIE SPECKBUTTER.

Garnelenspieße mit BBQ-Sauce

FÜR 4 PERSONEN

VORB.: 15 MIN. + MARINIEREN

10 MIN.

ZUTATEN

675 g rohe Garnelen, ausgelöst und Darmfaden entfernt

2 EL Olivenöl

Saft von 1 Limette

1 Knoblauchzehe, fein gehackt

1 TL Salz

¼–½ TL gemahlenes Chipotle- oder geräuchertes Paprikapulver

1 Portion klassische BBQ-Sauce (siehe Seite 166), zum Bestreichen, plus etwas mehr zum Servieren

Limettenhälften, zum Servieren

1. Die Garnelen in eine große Schüssel geben und mit Öl und Limettensaft beträufeln. Knoblauch, Salz und Chipotle-Pulver zugeben und alles sorgfältig vermengen. Abgedeckt 15 Minuten im Kühlschrank ziehen lassen.

2. Den Grill für direktes Grillen bei starker Hitze vorbereiten.

3. Die Garnelen aus der Marinade nehmen und je nach Größe 3–5 Stück gleichförmig auf Metallspieße stecken.

4. Die Garnelen von beiden Seiten mit etwas BBQ-Sauce bestreichen. Auf den Rost legen und etwa 5 Minuten von jeder Seite grillen, bis die Garnelen rosa und an den Rändern dunkelbraun sind. Dabei immer wieder mit der Sauce bestreichen. Sofort mit Limettenhälften und BBQ-Sauce zum Dippen servieren.

DIE SÜSSLICH-PIKANTE BBQ-SAUCE IST DIE PERFEKTE ERGÄNZUNG ZU DEN SAFTIGEN GARNELEN.

Kapitel 6

GEMÜSE

Ofenkartoffeln
mit Käse-Gurken-Füllung

FÜR 4 PERSONEN

VORB.: 20 MIN.

1 STUNDE 10 MIN.

ZUTATEN

4 große Kartoffeln

4 EL Olivenöl

1 TL Salz

KÄSE-GURKEN-FÜLLUNG

2 EL saure Sahne

1 kleine rote Zwiebel, gehackt

100 g geriebener Edamer

50 g Dill- oder Essiggurken, gehackt

½ TL Salz

1 TL Pfeffer

1. Den Grill für indirektes Grillen bei mittlerer Hitze vorbereiten.

2. Die Kartoffeln in eine Bratform legen. Mit Öl beträufeln und mit Salz bestreuen.

3. Die Bratform auf den Rost stellen und die Kartoffeln bei aufgesetztem Deckel 1 Stunde weich garen. Etwas abkühlen lassen.

4. Die Kartoffeln längs halbieren und mit einem Löffel aushöhlen. Das Kartoffelfleisch in eine Schüssel geben und leicht zerdrücken. Mit den restlichen Zutaten für die Füllung vermengen.

5. Die Füllung in die Kartoffelschalen geben und diese zurück in die Bratform setzen. Auf den Rost stellen und bei aufgesetztem Deckel 10 Minuten garen, bis der Käse geschmolzen und leicht gebräunt ist. Sofort servieren.

SIE KÖNNEN AUCH MIT ANDEREN KÄSESORTEN EXPERIMENTIEREN, WIE ETWA GORGONZOLA.

Sieben unnötige BBQ-Accessoires, die man nicht missen möchte

1. Grill-Dampfreiniger
Fett und Verkrustungen lassen sich mit einem speziellen handlichen Dampfreiniger mit Wasserdampf und entsprechenden Bürsten- und Düsenaufsätzen mühelos und ganz ohne Chemikalien von Grill und Rost entfernen.

2. Burger-Presse
Mit diesem praktischen Gerät lassen sich perfekt gleichmäßige Burger-Pattys formen. Viele Modelle sind regulierbar, sodass die Dicke der Pattys eingestellt werden kann. Es werden auch die wichtigen Rillen in das Hackfleisch gepresst, die für schnelles Garen sorgen und verhindern, dass die Pattys zu sehr schrumpfen und sich in der Mitte wölben.

3. Himalajasalzplatte
Eine rosa Salzplatte aus dem Himalaja kann auf dem Grill erhitzt und zur Zubereitung von Fisch oder Fleisch verwendet werden. Das Salz speichert die Hitze und sorgt für gleichmäßiges Garen und für komplexe Aromen im Grillgut.

4. Grillzangen
Am besten sind Modelle, deren Enden wie Pfannenwender geformt sind. Damit lässt sich insbesondere empfindliches Grillgut wie Fisch einfach wenden.

5. Gemüseclips
Mit Grillclips lässt sich bequem Gemüse grillen. Die Edelstahl-Clips sehen aus wie riesige Haarspangen und sorgen dafür, dass Gemüsescheiben und -stifte einfach gewendet werden können. Meist als 4er-Set erhältlich, damit jeder seine eigene Gemüseportion zusammenstellen kann.

6. Kabelloses Fleischthermometer
Ein kabelloses Fleischthermometer ist das ultimative Grill-Gadget, um das Grillgut im Auge zu behalten und gleichzeitig die Gäste zu bewirten. Einfache Versionen haben eine Sonde zum Einstechen in das Fleisch, die via Bluetooth ein Signal an einen Empfänger oder sogar aufs Handy, Tablet oder den Computer schickt, damit Sie immer wissen, wann die gewünschte Fleischkerntemperatur bzw. Garstufe erreicht ist.

7. BBQ-Werkzeuggürtel
Und was ist unerlässlich, damit man all die coolen Grill-Spielzeuge rechtzeitig zur Hand hat? Natürlich ein BBQ-Werkzeuggürtel, durch den man auf alle brenzligen Situationen blitzschnell reagieren kann. In Anlehnung an einen klassischen Zimmermannsgürtel haben diese praktischen Gürtel Platz für alles, was man zum Grillen so braucht – von der Grillzange bis hin zum Thermometer-Empfänger. Damit sehen Sie aus wie ein echter Profi!

Saté-Tofusalat

FÜR 4 PERSONEN

VORB.: 20 MIN. + MARINIEREN

20 MIN.

ZUTATEN

800 g sehr fester Tofu

MARINADE

2 EL Sojasauce

2 EL Sesamöl

2 EL Mirin (Reiswein), Sake, Sherry oder Weißwein

SATÉ-SAUCE

80 g glatte Erdnusscreme

125 ml Kokosmilch

2 EL Sojasauce

2 EL brauner Zucker

2 EL heißes Wasser

Saft von 1 Limette

2 TL Chilipaste, plus etwas mehr zum Abschmecken

1 Knoblauchzehe, zerdrückt

1 EL geriebener Ingwer

ZUM SERVIEREN

Salat

rote und orange Paprika, in Streifen

Gurke, in Streifen

ganze Basilikumblätter

1. Den Tofu in 2,5 cm dicke Scheiben schneiden und mit Küchenpapier trocken tupfen, dabei leicht auf den Tofu drücken, um die Flüssigkeit aufzusaugen.

2. Für die Marinade Sojasauce, Öl und Mirin in einer großen Schüssel verrühren. Den Tofu darin sorgfältig wenden und mindestens 30 Minuten oder bis zu 8 Stunden marinieren (ab 30 Minuten in den Kühlschrank stellen).

3. Für die Saté-Sauce alle Zutaten in einer Schüssel glatt rühren. Gegebenenfalls teelöffelweise noch weiteres Wasser einarbeiten, bis die gewünschte Konsistenz erreicht ist.

4. Den Grill für direktes Grillen bei mittlerer bis starker Hitze vorbereiten. Den Tofu mit etwas Saté-Sauce bestreichen. Auf den Rost legen und etwa 10 Minuten von jeder Seite goldbraun grillen. In Streifen schneiden.

5. Den Tofu auf einem Salatbett mit den Paprika- und Gurkenstreifen anrichten und sofort mit der restlichen Saté-Sauce zum Beträufeln servieren.

DIESER TOFUSALAT IST EINE TOLLE ALTERNATIVE FÜR ALLE VEGETARIER ODER KALORIENBEWUSSTE.

Gegrillte gefüllte Paprika

FÜR 4 PERSONEN

VORB.: 20 MIN.

35–40 MIN.

ZUTATEN

4 große rote Paprika

REISFÜLLUNG

2 EL Olivenöl

1 kleine Zwiebel, gewürfelt

2 Zucchini, gewürfelt

1 TL Salz

1 TL gemahlener Kreuzkümmel

425 g Kichererbsen aus der Dose, abgespült und abgetropft

200 g frisch gegarter brauner Reis

fein abgeriebene Schale und Saft von 1 Zitrone

2 EL fein gehackte frische Minze

120 g Feta, zerkrümelt

1. Den Grill für indirektes Grillen bei mittlerer Hitze vorbereiten.

2. Für die Füllung das Öl in einer großen schweren Pfanne erhitzen. Zwiebel und Zucchini darin mit dem Salz bei mittlerer bis starker Hitze etwa 5 Minuten unter gelegentlichem Rühren andünsten. Kreuzkümmel und Kichererbsen zufügen und 1 Minute unter Rühren mitgaren. Die Pfanne vom Herd nehmen und einige Minuten abkühlen lassen.

3. Den Pfanneninhalt in einer großen Schüssel mit Reis, Zitronenschale und -saft, Minze und Feta sorgfältig vermengen.

4. Von den Paprika eine Kappe abschneiden. Kerne und Zwischenhäute herauslösen. Die Paprika mit der Reismischung füllen. Die Kappen wieder aufsetzen und mit Holzspießchen fixieren.

5. Die Paprika auf den Rost legen und bei aufgesetztem Deckel 25–30 Minuten gar grillen, dabei alle 5 Minuten wenden. Sofort servieren.

AN DIESEM LECKEREN GERICHT
WERDEN FLEISCHESSER WIE
VEGETARIER IHRE FREUDE HABEN.

Gratinierte Champignons

FÜR 4 PERSONEN

VORB.: 15 MIN.

5 MIN.

ZUTATEN

1 kg große Champignons

5 EL Olivenöl

1 TL Salz

1 TL Pfeffer

4 Knoblauchzehen, gehackt

1 kleines Bund Petersilie, gehackt

500 g Gorgonzola, in Scheiben

1. Den Grill für direktes Grillen bei starker Hitze vorbereiten.

2. Die Stiele von den Pilzen abtrennen. Die Pilzkappen mit dem Öl beträufeln. Salzen und pfeffern.

3. Mit Knoblauch und Petersilie bestreuen und mit den Gorgonzolascheiben belegen.

4. Die Pilze auf den Rost legen und bei aufgesetztem Deckel 5 Minuten grillen, bis sie weich sind und der Käse geschmolzen ist.

DIESE PILZE KÖNNEN BIS ZU 1 TAG IM VORAUS VORBEREITET UND BIS ZUM GRILLEN IM KÜHLSCHRANK AUFBEWAHRT WERDEN.

Grillgemüse
mit Polenta

FÜR 4 PERSONEN

VORB.: 20 MIN.

30 MIN.

ZUTATEN

4 EL Olivenöl

1 TL Salz

1 EL Cajun-Gewürzmischung

2 Zucchini, längs halbiert

1 Aubergine, längs geviertelt

100 g Babymaiskolben

je 1 rote und gelbe Paprika, in Streifen oder Ringen

20 g Parmesan, frisch gerieben

POLENTA

1 l Vollmilch

50 g Butter

350 g Polenta (grober Maisgrieß)

100 g frisch geriebener Parmesan

1 TL Salz

1 TL Pfeffer

1. Für die Polenta die Milch mit der Butter in einen mittleren schweren Edelstahltopf geben und erhitzen. Sobald die Milch aufwallt, die Polenta unter Rühren einstreuen. Die Hitze reduzieren und 10 Minuten rühren, bis der Brei eingedickt ist. Den Topf vom Herd nehmen und den Parmesan einarbeiten. Mit Salz und Pfeffer abschmecken. Abgedeckt warm halten.

2. Den Grill für direktes Grillen bei mittlerer bis starker Hitze vorbereiten.

3. Öl, Salz und Gewürzmischung in einer großen Schüssel verrühren. Zucchini, Aubergine, Mais und Paprika sorgfältig darin wenden.

4. Das Gemüse auf den Rost legen und 4 Minuten von jeder Seite grillen, bis es weich ist und schöne Grillmarken hat. Das Gemüse auf der Polenta anrichten. Mit Parmesan bestreuen und sofort servieren.

POLENTA – VERFEINERT MIT BUTTER, KÄSE UND KRÄUTERN – IST EINE TOLLE ALTERNATIVE ZUM ÜBLICHEN BROT.

Gefüllte Süßkartoffeln mit Salsa

FÜR 4 PERSONEN

VORB.: 20 MIN.

1 STUNDE

ZUTATEN

4 Süßkartoffeln (à ca. 350 g)

1 EL Olivenöl, zum Einfetten

1 Stückchen Butter

2 EL frisch gehackter Koriander

100 g geriebener Feta oder anderer salziger weißer Käse

Salz und Pfeffer

SALSA

3 Tomaten, entkernt und klein gewürfelt

1 kleine rote Zwiebel, klein gewürfelt

½–1 kleiner grüner Chili, entkernt und gehackt

3 EL frisch gehackter Koriander

Saft von 1 Limette

1. Den Grill für indirektes Grillen bei mittlerer Hitze vorbereiten. Die Süßkartoffeln mithilfe eines Küchenpapiers mit dem Olivenöl einreiben und leicht salzen.

2. Die Süßkartoffeln fest in extrastarke Alufolie einwickeln, auf den Rost legen und etwa 1 Stunde weich garen.

3. Inzwischen für die Salsa alle Zutaten in einer Schüssel vermengen. Mit etwas Salz abschmecken. Bei Raumtemperatur ziehen lassen, damit sich die Aromen entfalten.

4. Die weichen Süßkartoffeln auswickeln und mit zwei Gabeln längs aufreißen. Das Fruchtfleisch mit einer Gabel auflockern und etwas Butter, Salz, Pfeffer und den größten Teil des Korianders einarbeiten. Mit Käse und dem restlichen Koriander bestreuen. Die Salsa darübergeben und sofort verteilen.

SÜSSKARTOFFELN SIND
EINE GUTE ALTERNATIVE
ZU NORMALEN KARTOFFELN
UND ENTHALTEN AUSSERDEM
WENIGER KALORIEN.

Gegrillte Auberginen
mediterrane Art

FÜR 4 PERSONEN

VORB.: 15 MIN.

15 MIN.

ZUTATEN

GEGRILLTE AUBERGINEN

2 große Auberginen

4 EL Olivenöl

1 TL Salz

1 TL Pfeffer

TAHINI-JOGHURT

2 EL griechischer Joghurt

1 EL Tahini

1 Knoblauchzehe, zerdrückt

Saft von 1 Zitrone

Salz und Pfeffer, zum Abschmecken

30 g Butter

100 g Pinienkerne

1 Handvoll Rucola

100 g Rosinen

2 EL natives Olivenöl extra

1. Die Auberginen längs halbieren und das Fruchtfleisch rautenförmig einschneiden.

2. Die Auberginen mit dem Olivenöl beträufeln und mit Salz und Pfeffer würzen.

3. Den Grill für direktes Grillen bei mittlerer bis starker Hitze vorbereiten.

4. Für den Tahini-Joghurt alle Zutaten in einer Schale verrühren. Mit Salz und Pfeffer abschmecken.

5. Die Auberginen mit der Schnittfläche nach oben auf den Rost legen und 7 Minuten grillen, bis das Fleisch golden und weich ist. Wenden und weitere 7 Minuten grillen.

6. Inzwischen die Butter in einer kleinen Pfanne bei mittlerer Hitze zerlassen. Die Pinienkerne darin goldgelb braten. Die Auberginen auf vier Teller setzen und mit Tahini-Joghurt, Rucola, Pinienkernen und Rosinen anrichten. Mit zusätzlichem Olivenöl beträufeln und sofort servieren.

AUCH VORGEWASCHENER SALAT SOLLTE IMMER DURCH KALTES WASSER GEZOGEN WERDEN, UM IHN ZU REINIGEN UND AUFZUFRISCHEN.

Kürbis-Polenta-Bratlinge

FÜR 4–6 PERSONEN

VORB.: 25 MIN. + KÜHLEN

45–50 MIN.

ZUTATEN

450 g Butternusskürbis (225 g Fruchtfleisch), geschält und gewürfelt

150 ml Wasser

80 g Polenta

120 g Knollensellerie, gerieben

6 Frühlingszwiebeln, fein gehackt

120 g Pekannusskerne, gehackt

50 g Parmesan, frisch gerieben

2 EL frisch gehackte gemischte Kräuter

2 EL Weizenvollkornmehl

2 EL Sonnenblumenöl, plus etwas mehr zum Einfetten

Salz und Pfeffer

ZUM SERVIEREN

Burgerbrötchen

Salatblätter

Tomatenscheiben

Tomatenketchup

1. Den Kürbis in einem Topf mit kochendem Wasser 15–20 Minuten gar kochen. Gut abtropfen lassen und zerstampfen.

2. Das Wasser in einem zweiten Topf zum Kochen bringen. Die Polenta unter Rühren einstreuen und bei niedriger Hitze 5 Minuten quellen lassen, bis der Brei eingedickt ist.

3. Den Topf vom Herd nehmen. Kürbis, Sellerie, Frühlingszwiebeln, Pekannüsse, Käse und Kräuter unterrühren und mit Salz und Pfeffer abschmecken. Die Masse zu 4–6 Bratlingen formen. Im Mehl wenden und abgedeckt 1 Stunde kalt stellen.

4. Den Grill für Grillen bei mittlerer bis starker Hitze vorbereiten.

5. Den Rost einfetten. Die Bratlinge leicht mit Öl bestreichen. Auf den Rost legen und 5–6 Minuten von jeder Seite gar grillen. Auf einen Teller geben und sofort mit Salat, Tomatenscheiben und Ketchup in den Brötchen servieren.

DIESE VEGETARISCHEN BRATLINGE SIND EINE LECKERE ALTERNATIVE ZU DEN KLASSISCHEN BOHNENBRATLINGEN.

Kapitel 7
BEILAGEN & SAUCEN

Klassische Barbecuesauce

ERGIBT 900 ML

VORB.: 10 MIN.

50 MIN.

ZUTATEN

1 kleine Zwiebel, fein gehackt

2–3 Knoblauchzehen, zerdrückt

1 EL Olivenöl

225 ml Tomatenketchup

450 ml passierte Tomaten

100 g brauner Zucker

4 EL Apfelessig

2 EL Worcestersauce

½–1 TL Cayennepfeffer

½–1 TL geräuchertes Paprikapulver oder Chipotle-Pulver

1. Zwiebel und Knoblauch in eine Küchenmaschine geben und pürieren.

2. Das Öl in einer schweren Pfanne auf mittlerer Stufe erhitzen. Das Zwiebel-Knoblauch-Püree darin unter häufigem Rühren garen, bis es beginnt zu bräunen.

3. Die restlichen Zutaten zufügen und alles zum Kochen bringen. Die Hitze reduzieren und unter gelegentlichem Rühren 45 Minuten köcheln lassen, bis die Sauce eingedickt ist und braun wird. Zügig in sterilisierte Flaschen oder Gläser abfüllen und an einem kühlen Ort oder im Kühlschrank bis zum Gebrauch lagern.

DIESE KLASSISCHE SAUCE KANN AUCH ZU FLEISCHGERICHTEN SERVIERT ODER ZUM MARINIEREN VON SCHWEINEFLEISCH VERWENDET WERDEN.

Tomatenketchup

ERGIBT 250 ML

VORB.: 10 MIN.

15–20 MIN.

ZUTATEN

2 EL Olivenöl

1 rote Zwiebel, gehackt

2 Knoblauchzehen, gehackt

250 g Flaschentomaten, gehackt

250 g gehackte Tomaten aus der Dose

½ TL Ingwerpulver

½ TL Chilipulver

Salz und Pfeffer

40 g Muskovado-Zucker

100 ml Rotweinessig

1. Das Olivenöl in einem Topf erhitzen und Zwiebel, Knoblauch und alle Tomaten hineingeben. Ingwer und Chili zufügen und mit Salz und Pfeffer würzen. 15 Minuten kochen, bis alles weich ist.

2. Anschließend die Mischung in die Küchenmaschine geben oder mit einem Stabmixer pürieren und danach durch ein Sieb passieren. Die Mischung in den Topf füllen und Zucker und Essig zugeben. Aufkochen und anschließend köcheln, bis die Konsistenz von gekauftem Ketchup erreicht ist.

3. In sterilisierte Gläser füllen und vollkommen auskühlen lassen, dann luftdicht verschließen. Kühl und dunkel aufbewahren. Angebrochene Gläser im Kühlschrank aufbewahren.

DIESER SELBSTGEMACHTE KETCHUP IST VIEL AROMATISCHER ALS GEKAUFTER.

Mayonnaise

ERGIBT 300 ML

VORB.: 10 MIN.

KEINE GARZEIT

ZUTATEN

2 große Eigelb

2 TL Dijon-Senf

¾ TL Salz, oder nach Geschmack weißer Pfeffer

2–3 EL Zitronensaft

300 ml Sonnenblumenöl

1. Das Eigelb mit Dijon-Senf, Salz und Pfeffer in der Küchenmaschine oder mit dem Handmixer verquirlen. Dann 2 Esslöffel Zitronensaft zufügen und erneut verquirlen.

2. Während die Maschine läuft, tropfenweise das Öl zufügen. Wenn die Mischung beginnt anzudicken, kann das Öl in einem feinen und beständigen Strahl zugegossen werden. Falls die Mayonnaise zu dick wird, einen weiteren Esslöffel Zitronensaft zufügen.

3. In ein sterilisiertes Glas füllen, luftdicht verschließen und in den Kühlschrank stellen. Die Mayonnaise sollte baldmöglichst verzehrt werden. Einmal angebrochen, sollte sie im Kühlschrank aufbewahrt und innerhalb von 3 Tagen verbraucht werden.

DIESE HERRLICH CREMIGE MAYONNAISE PASST HERVORRAGEND ZU BURGERN ODER SANDWICHES.

Chipotle-Ketchup & Chipotle-Senf

ERGIBT 225 ML

VORB.: 10 MIN.

8–10 MIN.

ZUTATEN

KETCHUP

225 g Tomatenketchup

½ TL Worcestersauce

½ TL brauner Zucker

1 EL Zitronensaft

1½ TL Chipotle-Pulver

1 TL gemahlener Kreuzkümmel

½ TL Kurkuma

¼ TL gemahlener Ingwer

Salz

SENF

125 ml Dijon-Senf

1 TL Chipotle-Pulver

1. Für den Ketchup alle Zutaten mit etwas Salz zum Abschmecken in einem kleinen Topf verrühren und bei mittlerer Hitze 5 Minuten unter Rühren köcheln lassen, bis der Ketchup leicht eingedickt ist. Den Topf vom Herd nehmen und den Ketchup erkalten lassen. In ein sterilisiertes Schraubglas abfüllen und verschließen. Kühl lagern.

2. Für den Senf Dijon-Senf und Chipotle-Pulver in einer Schale verrühren. In ein sterilisiertes Schraubglas abfüllen und verschließen. Kühl lagern.

DIESE SAUCEN SIND BEGEHRT BEI ALLEN, DIE ES WÜRZIG MÖGEN, UND VERLEIHEN GRILLGERICHTEN EINEN GEWISSEN KICK.

Steaksauce
Roasting Roadhouse

ERGIBT 250 ML

VORB.: 10 MIN.

50 MIN.

ZUTATEN

400 g gehackte Tomaten aus der Dose

150 ml Rinderbrühe

4 Knoblauchzehen, gehackt

1 rote Zwiebel, fein gehackt

175 g Rosinen

4 EL Worcestersauce

1 EL Fleischextrakt

1 EL Senfmehl, in 1 EL Wasser aufgelöst

2 EL Weißweinessig

1 EL heller Zuckerrübensirup

1 EL brauner Zucker

½ TL Cayennepfeffer

fein abgeriebene Schale von 1 Orange

Salz und Pfeffer

1. Alle Zutaten in einen schweren Topf geben, mit Salz und Pfeffer abschmecken und auf höchster Stufe so lange rühren, bis Sirup und Zucker sich aufgelöst haben. Zum Kochen bringen und auf niedriger Stufe unter gelegentlichem Rühren 30 Minuten köcheln lassen, bis die Zutaten sich verbunden haben und die Rosinen auseinanderfallen.

2. Die Mischung mit einem Stabmixer oder in einer Küchenmaschine pürieren. Durch ein feines Sieb wieder in den gesäuberten Topf streichen, dabei mit einem Holzlöffel durch das Sieb drücken, um so viel Püree wie möglich zu erhalten.

3. Den Topf auf den Herd stellen und das Püree auf mittlerer Stufe zum Kochen bringen. Die Hitze reduzieren und das Ganze ohne Deckel 15 Minuten köcheln lassen, bis die Sauce eingedickt und reduziert ist. In eine Schüssel geben und vollständig abkühlen lassen. Nach Geschmack mit Salz und Pfeffer nachwürzen.

4. Die Sauce kann sofort verbraucht oder in einem luftdichten Behälter bis zu 3 Wochen im Kühlschrank aufbewahrt werden.

1

2

3

Brandheiße Chili-Sauce

ERGIBT 450 ML

VORB.: 10 MIN.

45 MIN.

ZUTATEN

2 EL Sonnenblumenöl

1 rote Zwiebel, fein gehackt

1 EL Ancho-Chilipulver

1½ TL Cayennepfeffer

250 ml Tomatenketchup

4 EL Melasse

2 EL brauner Zucker

2 TL Salz

¼ TL Pfeffer

325 ml helles Bier

2 EL Apfel- oder Rotweinessig

2 EL Worcestersauce

3 Jalapeño-Chilis, rot, grün oder gemischt, gehackt

1. Das Öl in einer Pfanne auf mittlerer bis hoher Stufe erhitzen und die Zwiebel darin 3–5 Minuten weich braten. Chilipulver und Cayennepfeffer zugeben und weitere 30 Sekunden braten. Die restlichen Zutaten außer den Chilis hinzufügen und rühren, bis sich alles verbunden hat.

2. Die Mischung zum Kochen bringen. Falls sich Schaum bildet, diesen abschöpfen. Die Chilis hinzugeben. Die Hitze reduzieren und das Ganze 30 Minuten sanft köcheln lassen, dabei gelegentlich umrühren und den Schaum abschöpfen.

3. Die Sauce mit einem Stabmixer oder in einer Küchenmaschine pürieren. Mit einem Holzlöffel durch ein Sieb streichen, um so viel Sauce wie möglich zu erhalten.

4. Die Sauce kann sofort verzehrt oder abgekühlt in einem luftdichten Behälter bis zu 2 Wochen im Kühlschrank aufbewahrt werden.

1

2

3

Sellerie-Fenchel-Salat
mit Pfirsich

FÜR 4 PERSONEN

VORB.: 10 MIN.

KEINE GARZEIT

ZUTATEN

4 EL Mayonnaise

1 TL Sriracha-Sauce (scharfe Chilisauce; im Asia-Laden)

1 TL Sahnemeerrettich

Saft und fein abgeriebene Schale von 1 Zitrone

½ TL Pfeffer

2 vollreife Pfirsiche, entsteint und in feinen Scheiben

200 g Knollensellerie, geraspelt

1 Fenchel, in feinen Streifen

1 kleine rote Zwiebel, in Streifen

1. In einer großen Schüssel Mayonnaise, Sriracha-Sauce, Meerrettich, Zitronenschale und -saft und Pfeffer verrühren.

2. Pfirsiche, Sellerie, Fenchel und Zwiebeln zugeben.

3. Sorgfältig vermengen und sofort servieren.

FÜR DIESEN SALAT KÖNNEN SIE JEDE ART VON STEINFRUCHT VERWENDEN. ER SCHMECKT BESONDERS GUT ZU SCHWEINEFLEISCH, GEFLÜGEL ODER FISCH.

Cremiger Kartoffelsalat

FÜR 3 PERSONEN

VORB.: 15 MIN. + KÜHLEN

30 MIN.

ZUTATEN

1,25 kg festkochende Kartoffeln

125 ml Mayonnaise

50 g saure Sahne

90 ml Weißweinessig

1 TL körniger Senf

½ TL getrocknete Dillspitzen

75 g rote Zwiebeln, fein gehackt

30 g Stangensellerie, fein gehackt

4 EL gehackte Essiggurken

40 g geröstete rote Paprika, gehackt

2 hart gekochte Eier, gehackt (nach Belieben)

Salz und Pfeffer

1. Die ungeschälten Kartoffeln in einem Topf mit Wasser bedecken. Salzen und 20–30 Minuten gar kochen.

2. Mayonnaise, saure Sahne, Essig, Senf und Dill in einer großen Schüssel verrühren. Mit Salz und Pfeffer abschmecken.

3. Die Kartoffeln abtropfen und kurz ausdampfen lassen, dann schälen und in 1 cm große Würfel schneiden. Noch warm mit dem Dressing vermengen. Zwiebel, Sellerie, Essiggurken, Paprika und Ei, falls verwendet, unterheben und mindestens 2 Stunden oder über Nacht ziehen lassen.

DIESE VERSION DES KLASSISCHEN KARTOFFELSALATS MIT MAYONNAISE ERHÄLT DURCH DAS KLEIN GEWÜRFELTE GEMÜSE FARBE UND BISS.

BBQ-Bohnen

FÜR 4 PERSONEN

VORB.: 10 MIN.

30 MIN.

ZUTATEN

4 EL Olivenöl

1 große Zwiebel, gehackt

2 Knoblauchzehen, gehackt

2 Selleriestangen, gehackt

1 große Karotte, gehackt

1 TL Fenchelsamen

2 TL getrockneter Oregano

2 TL geräuchertes Paprikapulver

1 EL Chipotle-Paste

1 EL Zuckerrübensirup

450 ml passierte Tomaten

400 g weiße Bohnen aus der Dose, abgespült und abgetropft

Salz und Pfeffer

1. Das Öl in einem großen Topf erhitzen. Zwiebel, Knoblauch, Sellerie und Karotte darin bei mittlerer Hitze mit aufgesetztem Deckel 15 Minuten glasig und weich dünsten.

2. Fenchelsamen, Oregano, Paprikapulver, Chipotle-Paste und Sirup zufügen und 5 Minuten garen, bis die Zucker zu karamellisieren beginnen.

3. Passierte Tomaten und Bohnen untermischen und weitere 10 Minuten garen.

4. Mit Salz und Pfeffer abschmecken und sofort servieren.

FÜR EIN BESONDERS HERZHAFTES AROMA BRATEN SIE MIT DEN ZWIEBELN GEWÜRFELTEN SPECK ODER CHORIZO AN.

Buttermilch-Burgerbrötchen

ERGIBT 8–16 STÜCK

VORB.: 2½ STUNDEN

10–20 MIN.

ZUTATEN

400 g Weizenmehl (Type 1050)

150 g Weizenmehl (Type 410), plus etwas mehr zum Bestäuben

100 g Butter, gewürfelt

1 großes Ei

2 EL Zucker

1 Päckchen Trockenbackhefe

300 ml Buttermilch

1 TL Salz

1 leicht verquirltes Ei, zum Bestreichen

1. Beide Mehle in eine große Schüssel geben und die Butter mit den Fingern krümelig hineinreiben.

2. In einer zweiten Schüssel Ei, Zucker, Hefe, Buttermilch und Salz verrühren.

3. Die Buttermilchmischung mit einem Holzlöffel mit dem Mehl verrühren. Den Teig auf eine bemehlte Arbeitsfläche geben und 10 Minuten kräftig durchkneten, bis er glatt und elastisch ist.

4. Den Teig in eine saubere Schüssel geben und mit Frischhaltefolie abgedeckt an einem warmen Ort 1½ Stunden gehen lassen.

5. Den Teig kurz auf einer bemehlten Arbeitsfläche durchkneten. In 8 oder 16 Portionen teilen und zu Kugeln formen. Auf ein oder zwei Backbleche setzen. Dabei so viel Abstand lassen, dass sich das Teigvolumen noch verdoppeln kann.

6. Abgedeckt mit Frischhaltefolie 30–40 Minuten gehen lassen, bis sich das Teigvolumen verdoppelt hat. Inzwischen den Backofen auf 180 °C vorheizen.

7. Die Teiglinge dünn mit dem verquirlten Ei bestreichen und im vorgeheizten Ofen 15–20 Minuten (große Brötchen) bzw. 10–15 Minuten (kleine Brötchen) goldbraun backen.

HEFETEIG VON HAND ZU KNETEN
IST EINE TOLLE ART, STRESS
ODER ÄRGER ABZUBAUEN.

Maiskolben
mit Blauschimmelcreme

FÜR 6 PERSONEN

VORB.: 20 MIN.

15–20 MIN.

ZUTATEN

140 g Blauschimmelkäse

140 g Quark

125 g griechischer Joghurt

6 Zuckermaiskolben mit Hüllblättern

Salz und Pfeffer

1. Den Grill für direktes Grillen bei mittlerer Hitze vorbereiten. Den Blauschimmelkäse in eine Schüssel krümeln und mit einem Holzlöffel cremig rühren. Den Quark sorgfältig unterrühren, dann den Joghurt. Mit Salz und Pfeffer abschmecken. Mit Frischhaltefolie abgedeckt kalt stellen.

2. Die Hüllblätter der Maiskolben nach unten ziehen und die Barthaare entfernen. Die Hüllblätter wieder nach oben streifen. Sechs Rechtecke aus extrastarker oder doppelt gelegter Alufolie vorbereiten und die Maiskolben einzeln fest darin einwickeln.

3. Die Maiskolben auf den Rost legen und 15–20 Minuten unter häufigem Wenden grillen. Die Alufolie entfernen, die Hüllblätter auf einer Seite nach unten ziehen und abtrennen. Die Maiskolben auf Servierteller geben, mit je 1 Esslöffel Blauschimmelcreme garnieren und sofort servieren.

WENN SIE KEIN FAN VON BLAUSCHIMMELKÄSE SIND, KÖNNEN SIE IHN DURCH ZIEGEN- ODER SCHAFSKÄSE ERSETZEN.

Cremiger Spinat mit Speck

FÜR 4 PERSONEN

VORB.: 10 MIN.

15–20 MIN.

ZUTATEN

- 4 EL Olivenöl
- 1 große Schalotte, gewürfelt
- 2 Knoblauchzehen, zerdrückt
- 100 g Räucherspeckstreifen
- 1 große Karotte, gewürfelt
- 150 g Knollensellerie, gewürfelt
- ½ TL Salz
- 1 TL Pfeffer
- 200 g Schlagsahne
- 250 g frischer Spinat

1. Das Öl in einem großen Topf erhitzen. Schalotte, Knoblauch, Speck, Karotte und Sellerie darin bei mittlerer Hitze 10 Minuten mit aufgesetztem Deckel unter gelegentlichem Rühren weich dünsten.

2. Salzen und pfeffern. Die Sahne unterrühren und auf die Hälfte einkochen.

3. Inzwischen einen mittleren Topf mit Wasser zum Kochen bringen. Den Spinat darin einige Sekunden blanchieren. Das Wasser abgießen und den Spinat unter kaltem Wasser abschrecken. Das Wasser ausdrücken und den Spinat unter das Sahnegemüse mischen. Sofort servieren.

FÜR EINE LEICHTERE VERSION
ERSETZEN SIE DIE SAHNE
DURCH SOJASAHNE.

Knoblauchbrot

FÜR 6 PERSONEN

VORB.: 15 MIN.

10–15 MIN.

ZUTATEN

150 g weiche Butter

3 Knoblauchzehen, zerdrückt

2 EL frisch gehackte glatte Petersilie

Pfeffer

1 großes oder 2 kleine Baguettes

1. Den Grill für indirektes Grillen bei mittlerer bis starker Hitze vorbereiten.

2. Butter, Knoblauch und Petersilie in einer Schüssel sorgfältig verrühren. Salzen und pfeffern.

3. Das Baguette in regelmäßigen Abständen schräg einschneiden.

4. Die Einschnitte auf einer Seite mit der Knoblauchbutter bestreichen. Das Baguette in ein großes Stück extrastarke oder doppelt gelegte Alufolie wickeln.

5. Das Baguette auf den Rost legen und 10–15 Minuten grillen, bis die Butter geschmolzen und das Brot heiß ist. Sofort servieren.

FÜR ZUSÄTZLICHES AROMA KÖNNEN SIE ETWAS GERIEBENEN KÄSE IN DIE EINSCHNITTE STREUEN.

Kapitel 8
GETRÄNKE

Frische Limonade

FÜR 6 PERSONEN

VORB.: 15 MIN. + ZIEHEN

KEINE GARZEIT

ZUTATEN

4 große unbehandelte Zitronen

175 g feiner Zucker

900 ml kochendes Wasser

Eiswürfel

1. Die Zitronen heiß abspülen und trocken reiben. Mit einem Sparschäler drei dünne, lange Streifen Zitronenschale abnehmen. Mit dem Zucker in einen großen Krug geben und mit dem kochenden Wasser übergießen. Rühren, bis sich der Zucker aufgelöst hat. Abgedeckt mindestens 3 Stunden unter gelegentlichem Rühren ziehen und erkalten lassen.

2. 3 Zitronen auspressen. Die Zitronenschalen aus dem Krug entfernen und den Zitronensaft in die Limonade rühren. Die 4. Zitrone längs halbieren und in dünne Streifen schneiden. Zusammen mit den Eiswürfeln in die Limonade geben. Umrühren und sofort servieren.

SIE KÖNNEN AUCH ORANGEN ODER LIMETTEN ODER ALLE DREI ZITRUSFRÜCHTE GEMISCHT FÜR DIESEN DURSTLÖSCHER VERWENDEN.

Tipps für einen gelungenen Grillabend

Wenn es draußen schön warm ist, denkt man automatisch daran, den Grill anzuwerfen und mit Freunden oder Nachbarn die Freuden des Sommers zu genießen. Mit ein wenig Planung kann daraus ein rundum gelungener Abend werden.

1. Fahren Sie nicht zu viele verschiedene Leckereien auf, sondern halten Sie das Essen einfach, entscheiden Sie sich dabei für maximal vier verschiedene Proteinlieferanten. Burger (Rind, Pute, Fisch oder vegetarisch) oder Grillwurst, ein Rindfleischgericht, ein Geflügelgericht und ein Fisch- oder vegetarisches Gericht reichen in der Regel aus, um jeden Geschmack zufriedenzustellen. In diesem Buch finden Sie ausreichend Inspiration, damit Ihre Auswahl so lecker und interessant wie möglich ist.

2. Bereiten Sie alles rechtzeitig vor. Bevor Sie auch nur ans Anheizen des Grills denken, sollte alles gehackt, geschnitten, mariniert und aufgespießt sein, was auf den Grill soll.

3. Kühlen Sie die Getränke. Füllen Sie einen großen Eimer mit Eis und stecken Sie Bierflaschen, Softdrinks, Wein hinein, bevor Ihre Gäste eintreffen. Wenn Sie jemanden haben, der sich exklusiv um die Getränke kümmert, können Sie auch selbst gemixte Cocktails, Eistee etc. anbieten. Eine besonders hübsche Idee ist es, Eiswürfel mit Fruchtstücken oder Beeren zuzubereiten.

4. Saucen und Dips dürfen auf keinen Fall fehlen! Für viele ist ein Burger kein Burger ohne die entsprechenden Saucen und Gemüse- oder Salatgarnierungen. Wenn Sie Burger (oder Grillwürstchen) servieren, stellen Sie eine Auswahl an Garnierungen zusammen, wie z. B. Senf, Ketchup, Grillsaucen, Relishes, eingelegtes Gemüse, knackigen Salat, Tomatenscheiben, frische Kräuter, Chilis und Speckscheiben, damit sich Ihre Gäste selbst bedienen können.

5. Servieren Sie selbst zubereitete oder gekaufte Appetizer. Lassen Sie hungrige Gäste nicht mit scharrenden Füßen um den Grill stehen und warten, bis die Glut endlich richtig ist oder ein gigantisches Fleischstück gar ist. Stellen Sie ein paar Chips und eine Salsa, Rohkost mit einem cremigen Dip oder etwas Käse und Cracker bereit, um die Wartezeit zu verkürzen.

Eistee

FÜR 2 PERSONEN

VORB.: 15 MIN. + KÜHLEN

5 MIN.

ZUTATEN

300 ml Wasser

2 Schwarzteebeutel

100 ml Orangensaft

4 EL Limettensaft

1–2 EL brauner Zucker

Eiswürfel

ZUM GARNIEREN

1 Limettenspalte

grober Zucker

Orangen- oder Limettenscheiben

1. Das Wasser in einem Topf zum Kochen bringen. Vom Herd nehmen, die Teebeutel hineingeben und 5 Minuten ziehen lassen. Die Teebeutel entfernen und den Tee auf Raumtemperatur abkühlen lassen. In einen Krug füllen und mit Frischhaltefolie abgedeckt mindestens 45 Minuten kalt stellen.

2. Orangen- und Limettensaft in den Tee rühren. Nach Belieben mit dem Zucker süßen.

3. Den Rand von zwei Gläsern mit der Limettenspalte einreiben und in den Zucker tauchen. Die Gläser mit Eiswürfeln füllen und den Tee darübergießen. Mit Orangen- oder Limettenscheiben garnieren und sofort servieren.

FÜR EINE SOMMERPARTY STELLEN SIE EIN PAAR EIMER MIT EISWÜRFELN FÜR DIE GETRÄNKEFLASCHEN AUF, DAMIT SICH IHRE GÄSTE SELBST BEDIENEN KÖNNEN.

Cola mit Cookie-Dough-Eis

FÜR 4 PERSONEN

VORB.: 25 MIN. + RUHEN + KÜHLEN

20 MIN.

ZUTATEN

COOKIE-DOUGH-EIS

50 g weiche Butter

60 g brauner Zucker

einige Tropfen Vanillearoma

85 g Weizenmehl

50 g Zartbitter-schokoladentröpfchen

225 ml Vollmilch

6 Eigelb

150 g feiner Zucker

225 g Schlagsahne

150 ml Karamellsirup

1 l Cola

1. In einer Schüssel Butter und braunen Zucker mit einem Handmixer etwa 4 Minuten hell und cremig rühren. Etwas Vanillearoma und das Mehl einarbeiten. Den Teig auf eine Arbeitsfläche geben und die Schokoladentröpfchen von Hand unterkneten.

2. Den Teig in Frischhaltefolie einschlagen und 30 Minuten im Kühlschrank ruhen lassen.

3. Inzwischen die Milch in einem mittleren Topf erhitzen. Eigelb und einige Tropfen Vanillearoma in einer hitzebeständigen Schüssel mit dem feinen Zucker verquirlen. Wenn die Milch aufwallt, den Topf vom Herd nehmen und unter ständigem Rühren die Eiermischung in die Milch gießen. Die Mischung in einen sauberen Topf füllen und unter Rühren sanft erhitzen. Nicht mehr kochen lassen! Wenn die Masse eindickt, den Topf vom Herd ziehen. Die Sahne unterrühren und etwas abkühlen lassen. In eine Eismaschine füllen und verarbeiten, bis die Masse fast gefroren ist.

4. Die Teigrolle aus dem Kühlschrank nehmen und in walnussgroße Stücke brechen. In die Eismaschine geben und einarbeiten, ohne dass die Teigstücke zu sehr zerkleinert werden. In einen gefriergeeigneten Behälter füllen und mindestens 1 Stunde ins Gefrierfach stellen.

5. Die Eiscreme in Kugeln in vier hohe Gläser geben. Den Sirup darübergeben und mit Cola auffüllen.

WENN SIE NICHT DIE ZEIT ODER KEINE EISMASCHINE HABEN, HELFEN SIE SICH EINFACH MIT GEKAUFTEM COOKIE-DOUGH-EIS.

Spicy Bourbon Pickleback

FÜR 1 PERSON

VORB.: 1 MIN.

KEINE GARZEIT

ZUTATEN

25 ml Burbon-Whiskey

25 ml Lake aus einem Jalapeño-Pickle-Glas

1. Whiskey und Lake in je ein Schnapsglas füllen.
2. Den Whiskey trinken.
3. Die Lake direkt hinterherspülen.

VERSUCHEN SIE ES AUCH MAL MIT ANDEREN EINLEGEFLÜSSIGKEITEN WIE AUS EINEM OLIVEN-, ESSIGGURKEN- ODER SILBERZWIEBELGLAS.

Club Mojito

FÜR 1 PERSON

VORB.: 5 MIN.

KEINE GARZEIT

ZUTATEN

1 TL Läuterzucker

6 frische Minzeblätter, plus einige mehr zum Garnieren

Saft von ½ Limette

4–6 zerstoßene Eiswürfel

50 ml Jamaika-Rum

Sodawasser

1 Spritzer Angostura

1. Läuterzucker, Minzeblätter und Limettensaft in einen Whisky-Tumbler geben.

2. Die Minzeblätter zerdrücken. Eiswürfel und Rum zufügen.

3. Mit Sodawasser auffüllen.

4. Einen Spritzer Angostura unterrühren und mit Minzeblättern garnieren.

5. Sofort servieren.

DIESER DRINK IST BESONDERS AN HEISSEN SOMMERTAGEN EINE TOLLE ERFRISCHUNG.

Sangria

FÜR 6 PERSONEN

VORB.: 10 MIN. + MARINIEREN

KEINE GARZEIT

ZUTATEN

Saft von 1 Orange

Saft von 1 Zitrone

2 EL Puderzucker

zerstoßenes Eis

1 Orange, in feinen Scheiben

1 Zitrone, in feinen Scheiben

1 Flasche gekühlter Rotwein

Limonade, zum Auffüllen

1. Orangen- und Zitronensaft in einem großen Krug verrühren.

2. Den Puderzucker unterrühren, bis er sich aufgelöst hat. 4–6 zerstoßene Eiswürfel untermischen.

3. Zitrusfruchtscheiben und Rotwein zugeben und 1 Stunde ziehen lassen.

4. Nach Belieben mit Limonade auffüllen und weiteres zerstoßenes Eis zufügen.

5. Sofort servieren.

DIESES TOLLE GETRÄNK IST IDEAL ALS BEGRÜSSUNGSGETRÄNK AN EINEM GRILLABEND.

Whisky Sling

FÜR 1 PERSON

VORB.: 5 MIN.

KEINE GARZEIT

ZUTATEN

1 TL Puderzucker
25 ml Zitronensaft
1 TL Wasser
50 ml Whisky
zerstoßenes Eis
1 Orangenspalte

1. Den Zucker in ein Glas geben.

2. Zitronensaft und Wasser zufügen und rühren, bis sich der Zucker aufgelöst hat.

3. Den Whisky unterrühren.

4. Einen gekühlten Whisky-Tumbler halb mit gestoßenem Eis füllen und den Cocktail darüberseihen. Mit der Orangenspalte garnieren.

5. Sofort servieren.

EIN IDEALER DRINK FÜR ALLE WHISKYLIEBHABER, UM DEN ABEND ABZUSCHLIESSEN.

Port-Bier-Cocktail

FÜR 2 PERSONEN

VORB.: 5 MIN.

KEINE GARZEIT

ZUTATEN

25 ml Portwein

150 ml helles Bier

200 ml Ingwerbier

1 Spritzer Orangen-Angostura

Eiswürfel

1. Portwein, Bier, Ingwerbier und Angostura in einen Shaker geben.

2. Einige Eiswürfel zugeben. Den Deckel aufsetzen und kräftig schütteln.

3. Über Eiswürfel in zwei Gläser gießen und sofort servieren.

DIESES REZEPT ERGIBT EINEN GROSSARTIGEN PUNSCH. ERHÖHEN SIE EINFACH ENTSPRECHEND DIE ZUTATENMENGEN UND GEBEN SIE EIN PAAR ORANGENSCHEIBEN REIN.

Salty Dog

FÜR 1 PERSON

VORB.: 5 MIN.

KEINE GARZEIT

ZUTATEN

1 EL Zucker

1 EL grobes Salz

1 Limettenspalte

zerstoßene Eiswürfel

50 ml Wodka

Grapefruitsaft, zum Auffüllen

1. Zucker und Salz auf einer Untertasse mischen.

2. Den Rand eines gekühlten Cocktailglases mit der Limettenspalte einreiben.

3. In die Zucker-Salz-Mischung tauchen.

4. Gestoßenes Eis in das Glas geben und den Wodka darübergießen. Mit Grapefruitsaft auffüllen und rühren.

5. Sofort servieren.

DIE BESONDEREN AROMEN VON GRAPEFRUIT UND WODKA HARMONIEREN WUNDERBAR MIT DEM SALZ-ZUCKER-RAND.

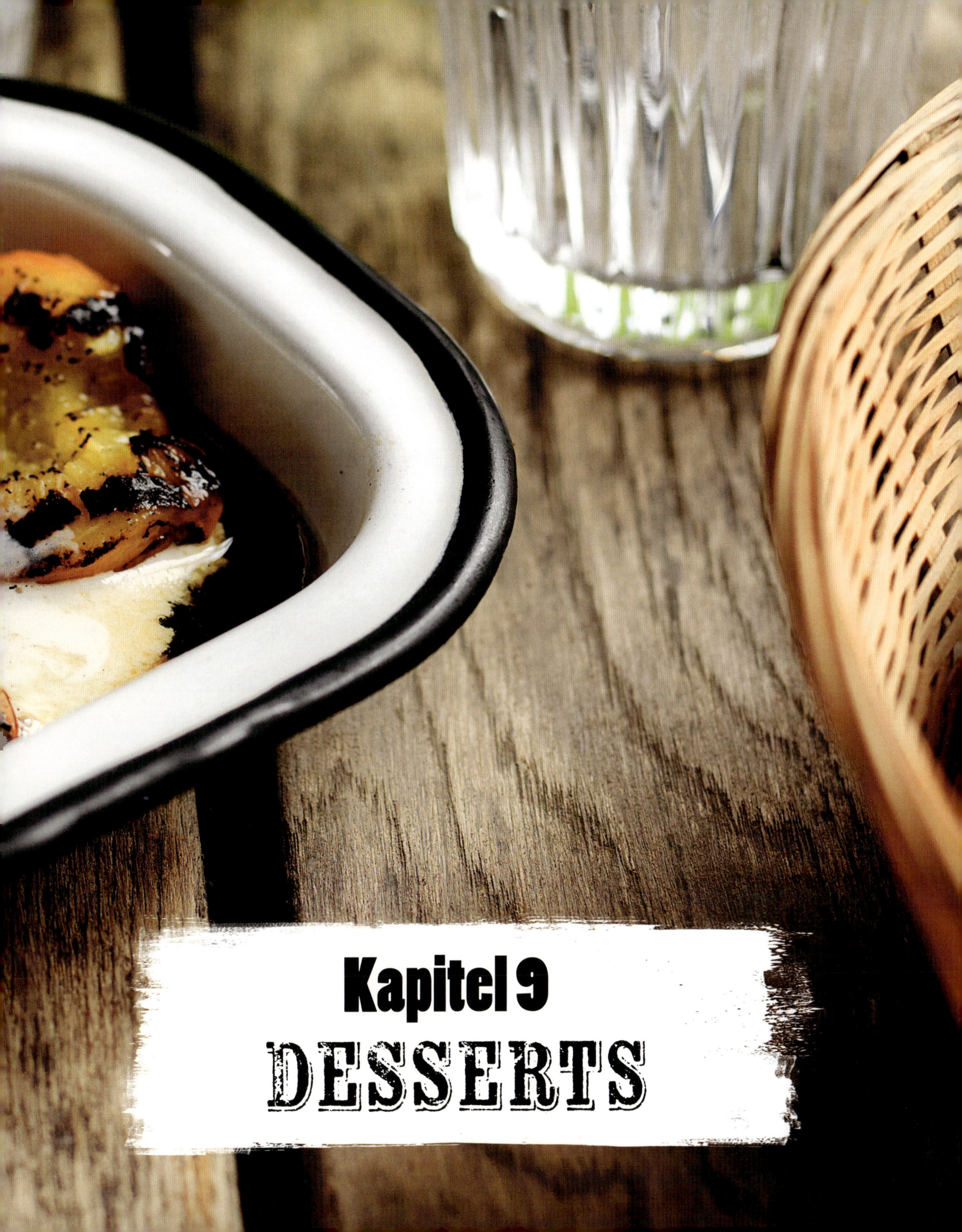

Kapitel 9
DESSERTS

Beschwipste Pfirsiche

FÜR 4 PERSONEN

VORB.: 15 MIN.

20 MIN.

ZUTATEN

6 vollreife Pfirsiche, halbiert und entsteint

1 EL Öl

4 EL Whisky

100 g Butter

150 g brauner Zucker

einige Tropfen Vanillearoma

150 ml Apfelsaft

Vanilleeis, zum Servieren

1. Den Grill für direktes Grillen bei starker Hitze vorbereiten.

2. Die Schnittseite der Pfirsiche mit dem Öl bestreichen.

3. Den Whisky in einem Topf bei starker Hitze flambieren. Dann Butter, Zucker, Vanillearoma und Apfelsaft zufügen und köcheln lassen, bis ein dünner Sirup entstanden ist. Den Topf vom Herd nehmen und den Sirup abkühlen lassen.

4. Die Pfirsiche mit der Schnittseite nach oben auf den Rost setzen und 2 Minuten grillen, bis sich deutliche Grillmarken zeigen. Mit einer Grillzange vorsichtig wenden und von der anderen Seite ebenfalls 2 Minuten grillen.

5. Die Pfirsiche auf einen großen Teller heben und sofort mit Eiscreme und Sirup servieren.

2

3

5

DIESES REZEPT FUNKTIONIERT
AUCH MIT ANDEREM STEINOBST
UND RUM STATT WHISKY.

Schokoladen-Rum-Bananen

FÜR 4 PERSONEN

VORB.: 15 MIN.

5–10 MIN.

ZUTATEN

1 EL zerlassene Butter

225 g Zartbitter- oder Milchschokolade

4 große Bananen

2 EL Rum

Mascarpone, zum Servieren

1. Den Grill für direktes Grillen bei mittlerer Hitze vorbereiten. Vier große Quadrate aus extra-starker oder doppelt gelegter Alufolie vorbereiten und mit der Butter bestreichen.

2. Die Schokolade hacken. Die Bananenschale längs aufschlitzen und so weit von den Bananen ablösen, dass die Schokolade dazwischengestreut werden kann. Die Schokostückchen hineingeben und die Bananen wieder schließen.

3. Die Bananen in die Alufolie einwickeln. Auf den Rost legen und 5–10 Minuten grillen, bis die Schokolade geschmolzen ist. Die Bananen auf Teller geben und die Alufolie entfernen.

4. Die Bananen mit etwas Rum beträufeln und sofort mit Mascarpone servieren.

ESSEN KINDER MIT, LASSEN SIE DEN RUM WEG UND GARNIEREN SIE DIE BANANEN MIT MARSHMALLOWS UND EISCREME.

Das richtige Holz zum Smoken

MILD

Für ein mildes Räucheraroma wählen Sie am besten Erlen- oder Obstbaumholz wie Apfel oder Kirsch. Die Hölzer sorgen für einen mild rauchigen Geschmack mit einer feinen fruchtigen Note und eignen sich besonders gut für Geflügel oder Fisch. Erlenholz ist besonders mild mit einer feinen Süße. Apfel und Kirsch sorgen für fruchtige Noten, die besonders zu Hühnchen oder Schweinefleisch passen.

MEDIUM

Für ein mittleres Räucheraroma sollten Sie zu Eiche, Hickory oder Ahorn greifen. Sie sorgen für ein ausgeprägtes, intensives Räucheraroma, ohne den Eigengeschmack des Fleisches zu überlagern, und sind geeignet für Geflügel, Schweine- oder Rindfleisch. Hickory ist wohl das gebräuchlichste Räucherholz. Sein Aroma ist intensiv, weshalb das Holz häufig mit einem milderen Holz gemischt wird. Eiche ist milder als Hickory und sorgt für ein bisschen mehr Aroma als Apfel oder Kirsch, weshalb es eine gute Beimischung für Hickory ist.

KRÄFTIG

Das kräftigste Räucherholz ist Mesquite und wird typischerweise für texanische Barbecues genutzt. Durchwachsene Fleischstücke wie Brust oder Nacken können geschmacklich dagegenhalten. Mesquite sollte nur sparsam in Kombination mit milderen Holzarten eingesetzt werden, so lässt es sich auch erfolgreich bei Fisch, Hähnchen, Schwein oder Rindfleisch verwenden.

Cookie-Sandwichs

FÜR 4 PERSONEN

VORB.: 15 MIN.

10–15 MIN.

ZUTATEN

8 Marshmallows

8 Cookies mit Schokostückchen

1 Banane, in Scheiben

4 Stücke Zartbitterschokolade

1. Den Grill für direktes Grillen bei mittlerer Hitze vorbereiten.

2. Je 2 Marshmallows auf Metallspieße oder zuvor eingeweichte Holzspieße stecken. Auf den Rost legen und unter Wenden weich garen.

3. Die Marshmallows von den Spießen auf 4 Cookies streifen. Einige Bananenscheiben und ein Schokoladenstück darauflegen. Mit den restlichen Cookies bedecken. Sofort servieren.

DIESES SCHNELLE DESSERT IST EINE VARIATION DES KLASSISCHEN AMERIKANISCHEN LAGERFEUER-NACHTISCHS „S'MORE".

Beschwipste Nektarinen

FÜR 4 PERSONEN

VORB.: 15 MIN.

15–20 MIN.

ZUTATEN

8 vollreife Nektarinen

50 g Butter, plus etwas mehr zum Einfetten

3 EL Demerara-Zucker

Amaretto

Vanilleeis, zum Servieren

1. Den Grill für direktes Grillen bei niedriger bis mittlerer Hitze vorbereiten. Acht Quadrate extrastarke oder doppelt gelegte Alufolie vorbereiten und mit Butter bestreichen.

2. Die Nektarinen auf die vorbereiteten Alufolienstücke setzen. Die Butter in Flöckchen darauf verteilen. Mit dem Zucker bestreuen und mit ein paar Tropfen Amaretto beträufeln. Die Alufolie zu lockeren Päckchen verschließen.

3. Die Nektarinen auf den Rost setzen und bei aufgesetztem Deckel 15–20 Minuten weich garen. Sofort mit Eiscreme servieren.

SIE KÖNNEN DEN AMARETTO AUCH DURCH COGNAC ODER EINEN ANDEREN WEINBRAND ERSETZEN.

Fruchtspieße

FÜR 4 PERSONEN

VORB.: 15 MIN.

5–10 MIN.

ZUTATEN

Früchte und Obstsorten wie Aprikosen, Pfirsiche, Erdbeeren, Mango, Ananas und Bananen, in etwa gleich großen Stücken

2 EL Ahornsirup, plus etwas mehr zum Beträufeln

50 g Zartbitterschokolade (nach Belieben)

1. Den Grill für direktes Grillen bei mittlerer bis starker Hitze vorbereiten.

2. Die Fruchtstücke abwechselnd auf vier zuvor in Wasser eingeweichte Holzspieße stecken. Mit dem Ahornsirup bestreichen.

3. Falls verwendet, die Schokolade zerkleinern und in eine hitzebeständige Schüssel geben. Über einem Wasserbad unter Rühren schmelzen.

4. Die Spieße auf den Rost legen und 3 Minuten garen, bis die Fruchtstücke karamellisieren. Auf Servierteller heben und sofort servieren. Mit Schokolade, falls verwendet, und Ahornsirup beträufeln.

DIESE FRUCHTSPIESSE KÖNNEN AUCH MIT CREMIG GERÜHRTEM QUARK SERVIERT WERDEN.

Karamellisierte Apfelringe

FÜR 4 PERSONEN

VORB.: 15 MIN.

5–6 MIN.

ZUTATEN

4 säuerliche Äpfel

Saft von ½ Zitrone

3 EL Demerara-Zucker

¼ TL gemahlener Zimt

25 g zerlassene Butter, plus etwas mehr zum Einfetten

Vanilleeis oder Mascarpone, zum Servieren

1. Den Grill für direktes Grillen bei starker Hitze vorbereiten.

2. Oben und unten eine kleine Kappe von den Äpfeln abschneiden. Das Kerngehäuse ausstechen. Jeden Apfel in drei dicke Ringe schneiden. In eine Schüssel geben, mit Zitronensaft beträufeln und darin wenden, damit sie nicht braun werden.

3. Zucker und Zimt mischen, über die Äpfel streuen und vermengen. Die Apfelringe leicht mit Butter bestreichen. Den Zitronensaft in der Schüssel aufbewahren.

4. Den Rost mit Butter einfetten. Die Apfelringe darauflegen und 5–6 Minuten grillen, bis sich deutliche Grillmarken zeigen, dabei alle 2 Minuten wenden und mit Butter und dem Zitronensaft beträufeln. Sofort mit Eis oder Mascarpone servieren.

REGISTER

REGISTER